NOUVEAU GUIDE

DU

PROMENEUR

A

SAINT-GERMAIN EN LAYE

PAR

P. GUÉGAN

CORRESPONDANT DU MINISTÈRE DE L'INSTRUCTION PUBLIQUE

66

SAINT-GERMAIN

IMPRIMERIE D. BARDIN

80, RUE DE PARIS, 80

—

PARIS

A. GHIO, EDITEUR

1, 3, 5, 7, GALERIE D'ORLÉANS, PALAIS-ROYAL

1879

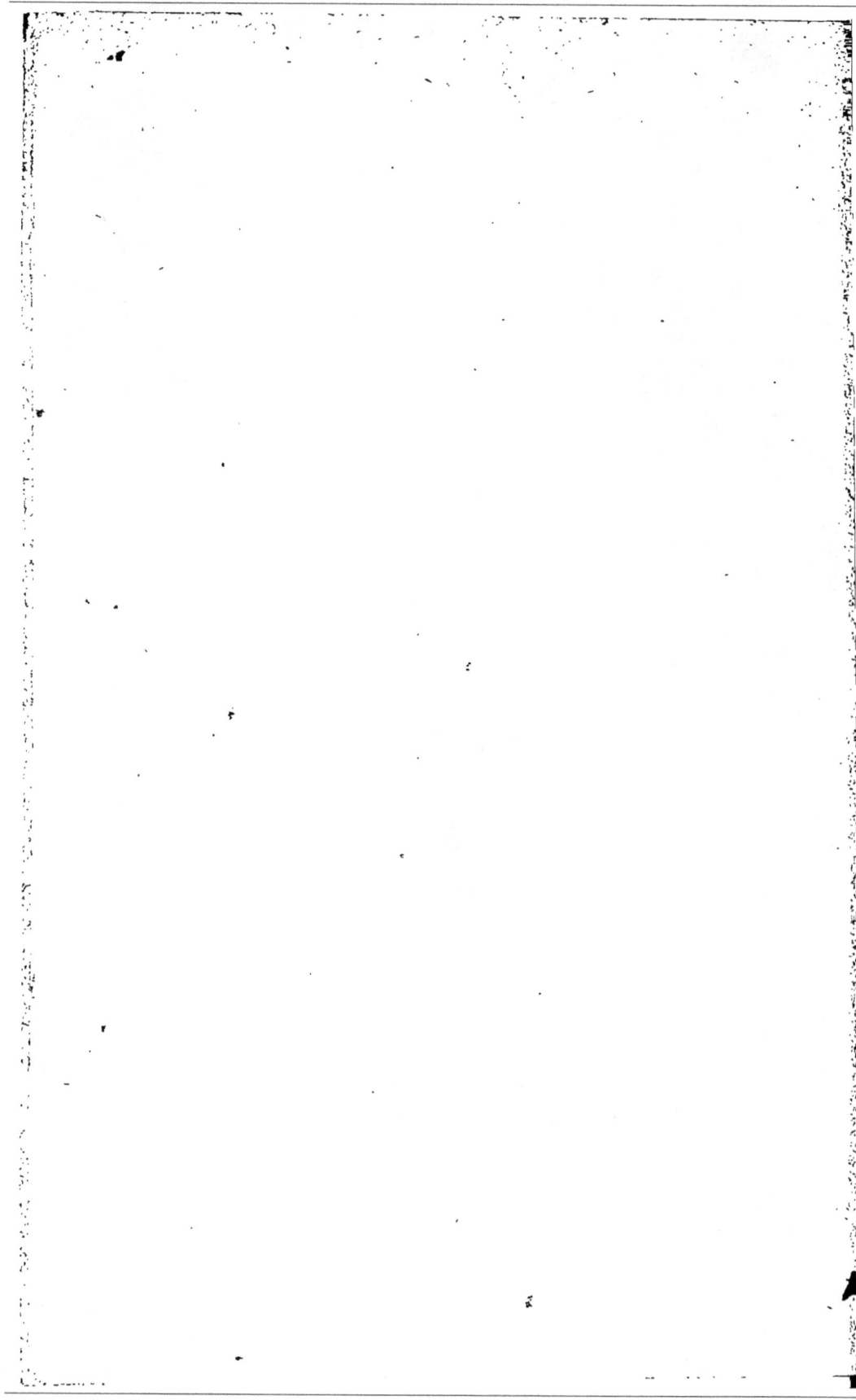

NOUVEAU GUIDE

DU

PROMENEUR

A SAINT-GERMAIN EN LAYE

Le vieux Manoir de Saint Germain en Laye

NOUVEAU GUIDE

DU

PROMENEUR

A

SAINT-GERMAIN EN LAYE

PAR

P. GUÉGAN

CORRESPONDANT DU MINISTÈRE DE L'INSTRUCTION PUBLIQUE

SAINT-GERMAIN

IMPRIMERIE D. BARDIN

80, RUE DE PARIS, 80

—

PARIS

A. GHIO, EDITEUR

1, 3, 5. 7, GALERIE D'ORLÉANS, PALAIS-ROYAL

—

1879

A

M. LE DOCTEUR SCALET

Maire de la Ville de Saint-Germain en Laye.

Monsieur le Maire,

euillez accepter la dédicace de ce petit livre :

Publié sous les auspices du premier magistrat de la cité, j'espère qu'il sera bien accueilli du public. Un des premiers, Monsieur le Maire, vous avez bien voulu, par une lettre écrite au sujet de mes recherches archéologiques, m'encourager à recueillir tous les documents relatifs à notre ville; j'ai essayé de le faire le plus consciencieusement possible, et je viens aujourd'hui vous offrir le résultat de mon travail, en vous demandant pour son auteur un accueil favorable et indulgent.

Veuillez agréer,

Monsieur le Maire,

l'assurance de mon respectueux dévouement,

P. GUÉGAN.

AVANT-PROPOS

Depuis bientôt vingt-cinq ans que j'habite la ville de Saint-Germain, j'ai recueilli de côté et d'autres, sans aucun ordre chronologique, un grand nombre de renseignements qui m'ont paru de nature à intéresser les habitants de cette ville, ainsi que les visiteurs étrangers. J'hésitais toujours à les publier, sachant que d'autres plus autorisés que moi s'étaient occupés du même sujet; j'espérais qu'un jour où l'autre, ces personnes feraient enfin profiter le public de leurs savantes recherches ; toutefois, plusieurs de mes amis m'ayant pressé de livrer mes notes à l'impression, je me suis rendu à leur désir, sans me dissimuler les difficultés de ma tâche.

Ai-je besoin de dire que j'ai mis largement à contribution, pour la partie historique, les principaux ouvrages qui ont été écrits sur Saint-Germain à des époques plus ou moins éloignées, et qui aujourd'hui sont devenus fort rares ?

Si incomplet que soit ce travail, je m'estimerai satisfait s'il reçoit un bienveillant accueil de mes concitoyens; c'est la seule récompense que j'ambitionne.

P. GUÉGAN.

Saint-Germain en Laye, juin 1879.

GUIDE
DU PROMENEUR

A SAINT-GERMAIN EN LAYE

UNE section des chemins de fer de l'Ouest prend à la gare de la rue Saint-Lazare les voyageurs pour la ville de Saint-Germain en Laye; les trains partent de Paris toutes les heures, à partir de sept heures trente-cinq minutes du matin jusqu'à minuit trente-cinq, et les départs s'effectuent à l'heure trente-cinq minutes.

MM. les voyageurs, en voiture! s'écrie le contrôleur; on monte dans les compartiments et le train se met en marche; il s'engage aussitôt sous le tunnel de la place de l'Europe pour déboucher dans une tranchée dont les remblais sont surmontés par les maisons des Batignolles. On passe rapidement devant la gare de cette localité, desservie par le chemin de fer de ceinture, devant les ateliers des machines et des voitures, et au bout de cinq minutes, après avoir traversé la Seine sur un pont métallique d'une belle construction, on s'arrête à Asnières.

Beaucoup de voyageurs descendent du train.

ASNIÈRES.

ASNIÈRES est la *campagne* la plus rapprochée de Paris par cette ligne. De l'intérieur des voitures on aperçoit des tirs, des baraques foraines : cet endroit est toujours en fête, et les nombreux canotiers et canotières qui le fréquentent font la fortune des cafés, des bals et des restaurants, qui y sont fort nombreux. Mais le train se remet en marche, et comme la distance à franchir est assez longue entre Asnières et Nanterre, on acquiert une vitesse de 60 kilomètres à l'heure.

NANTERRE.

NANTERRE est appelé en latin *Nennetodorum*, *Nemptodorum*, *Nanturra*, *Nanterra*, en vieux français *Nantuerre*, et enfin

Nanterre. C'est un des lieux les plus anciennement habités des environs de Paris. On ne
peut dire de combien il est antérieur à l'établissement de la religion chrétienne dans la Gaule,
mais on a déjà une preuve de son existence au
v⁰ siècle. En 420 vivait dans son enceinte une
jeune vierge qui, selon les légendaires, gardait
les moutons de son père sur les bords de la
Seine, quoique née de Sévère, riche seigneur
possédant sept à huit villages aux environs.
Cette vierge, que l'Église a honorée depuis sous
le nom de sainte Geneviève, fut distinguée
cette année-là, dans la foule accourue pour la
voir, par saint Germain, évêque d'Auxerre,
qui passait à Nanterre pour se rendre en Angleterre. Le prélat l'appela à lui, la mena à
l'église, lui remontra avec tant d'éloquence le
néant des vanités humaines, qu'il la décida à
faire le lendemain vœu de virginité et de profession religieuse entre ses mains.

L'abbé Le Bœuf place Nanterre parmi les
lieux les plus anciens du diocèse de Paris. Il
est certain, dit-il, que ce lieu était consacré
déjà du temps des Gaulois. Ainsi, dans le
même endroit, un culte moderne aurait succédé à un culte antique.

En 591, le fils de Chilpéric, roi de Soissons,
fut baptisé à Nanterre, sous le nom de Clotaire, qu'avait illustré son aïeul.

Lors de l'invasion de cette partie de la France par Édouard III, roi d'Angleterre, en 1346, Nanterre subit le sort de tous les environs de Paris et fut incendié. En 1411, les Anglais, réunis au parti des Armagnacs, prirent une seconde fois Nanterre et se signalèrent par des excès inouïs. L'auteur anonyme de la vie de Charles VI rapporte qu'ils pendirent ou noyèrent la plupart des habitants et exigèrent de ceux à qui ils laissèrent la vie, des rançons que tous leurs biens ne suffirent pas à acquitter.

A la mort de sainte Geneviève, et par suite des miracles qui s'opérèrent sur son tombeau, on construisit une chapelle qui porta son nom. Alors la ville de Paris se mit sous la protection de la sainte, et la prit pour patronne. De cette chapelle il ne reste plus rien maintenant, si ce n'est un puits, qui servait aux besoins du ménage des parents de sainte Geneviève, et où, deux fois par an, les fidèles vont encore puiser de l'eau, qui, dit-on, a des vertus miraculeuses.

Aujourd'hui que l'on ne croit plus guère aux miracles et que le scepticisme semble vouloir régner en maître, la localité de Nanterre n'est plus guère connue que par quelques refrains assez grotesques, qui vantent ses gâteaux et célèbrent la gloire de ses pompiers.

Mais le train se remet en marche, il va s'arrêter à la station de Rueil, une des plus importantes de la ligne. Nous apercevons ce bourg situé à plus d'un kilomètre de la gare.

RUEIL.

UEIL, dont le nom en latin est écrit dans les chartes de dix à douze manières différentes[1], remonte à une assez haute antiquité. Dès les premiers temps de la monarchie, les rois de France y avaient un château ou maison de campagne, et ce serait dans cette maison qu'en 550 Chilpéric attendit l'évêque de Chartres, et qu'il reçut, en 591, Gontran, roi de Bourgogne, venu pour présenter au baptême son neveu Clotaire.

Plusieurs chartes font mention de Rueil au IXe siècle; l'une d'elles, entre autres, de 840, nous apprend que Charles le Chauve fit don à l'abbaye de Saint-Denis du lieu (*villa*) de Rueil (*Riogilum*), avec toutes ses dépendances, à la condition que les moines de Saint-Denis feraient, après sa mort, nuit et jour, brûler sept luminaires : un pour son père Louis, un autre pour sa mère Judith, un troisième pour lui, un quatrième pour Hyrmintrude, autrefois son épouse, le cinquième pour sa femme Richilde,

---

[1] *Riolium, Riolius, Riogilus, Rigoialus, Ruellius*, etc.

reine, le sixième pour tous ses enfants morts ou vivants, et le septième pour Boson et Widon, et ses autres familiers. En octobre 873, dit une autre charte, Charles le Chauve donna la terre de Rueil à l'abbaye de Saint-Denis, avec le droit de pêche, jusqu'à l'endroit où le ruisseau qui vient de Chambourcy (le ru du Buzot) se jette dans la Seine. Louis XIV, en 1684, la racheta de l'abbaye de Saint-Denis, et la donna avec la seigneurie du lieu aux dames de Saint-Cyr. La rue principale de Rueil a porté jusque dans ces derniers temps le nom de rue Saint-Denis.

L'église de Rueil est de construction fort ancienne ; sa dernière édification est de 1584 ; cette date est inscrite sur le portail latéral ; Antoine de Portugal se trouvant sur les lieux, avec ses fils don Emmanuel et don Christophe, en posa la première pierre ; on reconnaît ses armes parmi les ornements de l'église. Le grand portail est dû au cardinal Richelieu, il est d'architecture dorique et ionique, avec des ornements de la renaissance.

L'église de Rueil a été presque entièrement reconstruite sous le règne de Napoléon III, qui l'a dotée d'un magnifique jeu d'orgues venant d'Italie. On remarque dans cette église les tombeaux de l'impératrice Joséphine et de la reine Hortense.

La caserne de Rueil, en avant du bourg et
sur la route de Paris à Saint-Germain, est fort
belle; elle a été construite sur le même plan
que celle de Courbevoie, on l'aperçoit très-bien
du chemin de fer.

Le bourg, ou plutôt la ville de Rueil, fait
partie du département de Seine-et-Oise, arrondissement de Versailles, canton de Marly-le-
Roi; sa population est de six à sept mille
habitants.

Chatou-Croissy! crient les conducteurs; en
effet, le train s'arrête après avoir traversé la
Seine sur deux ponts en fer. Ces ponts ont été
détruits deux fois : la première en 1848, par des
malfaiteurs qui se disaient être des combattants
de la révolution de février, et que la garde nationale de Rueil dispersa ; la seconde en 1870,
par le génie militaire français, qui les fit sauter
en prévision de l'invasion de l'armée allemande.

CHATOU.

CHATOU est un charmant village situé sur
la rive droite de la Seine et sur l'une des
routes qui conduisent de Paris à Saint-Germain. On a fait beaucoup de recherches sur
l'origine de Chatou, mais on ne sait rien de
positif sur ce village avant le XIIIᵉ siècle; on

l'appelait alors *Chato*, on ne sait trop pourquoi.
Son église paraît dater de la même époque, elle
est d'une architecture fort simple, et ayant été
presque entièrement démolie par les obus du
Mont-Valérien pendant la dernière guerre, elle
vient d'être restaurée à neuf.

Il y a à Chatou un grand nombre de propriétés dont les jardins sont admirables, tant
sur le bord de l'eau que le long de la terrasse
qui longe la Seine jusqu'à Croissy.

Dans les jardins de l'ancien château de
Chatou, on remarque encore une grotte faite
sur les dessins de l'architecte Soufflot. Près du
bois du Vésinet, sur la route de Chatou à Saint-
Germain, se trouve l'ancienne Faisanderie,
dont les bâtiments ont été restaurés tout dernièrement. Chatou fait partie du département
de Seine-et-Oise, arrondissement de Versailles,
canton de Saint-Germain en Laye, sa population est de mille à douze cents habitants.

CROISSY.

ROISSY est un village situé à très-peu de
distance de Chatou, également sur la rive
droite de la Seine et vis-à-vis du château de la
Malmaison, que l'on aperçoit de la terrasse qui
longe la rivière. En 1211, l'église de Croissy

fut donnée par l'évêque de Paris au prieur de
Saint-Léonard de Noblat, en Limousin. L'é-
glise était sous l'invocation de saint Martin,
mais bientôt elle passa sous l'invocation de
saint Léonard [1].

L'église de Croissy a eu pour curé l'abbé
Vertot, qui sut allier à la pratique des devoirs de
son état l'étude des belles-lettres et de l'histoire ;
c'est, dit-on, à Croissy qu'il écrivit l'histoire de
la conjuration de Bragance, publiée depuis sous
le titre de *Révolutions de Portugal*.

Croissy est dans une position charmante,
aussi remarque-t-on un grand nombre de belles
maisons, et un château avec de très-vastes dépendances (*le Colifichet*).

Croissy fait partie du département de Seine-
et-Oise, arrondissement de Versailles, sa population est de cinq à six cents habitants.

C'est dans l'île dite *la Loge*, en face de
Croissy, que sont établis les bains froids de *la
Grenouillère*, si connus des Parisiens.

En sortant de Chatou, le train s'engage dans
la forêt du Vésinet, dont il est déjà question
dans les diplômes du ixe siècle, *Visiniolum ;*
plus tard, le bois du Vésinet porta le nom de
bois de la trahison, parce qu'une légende pré-

[1] Un sentier qui de Rueil conduit à la Seine, presque
en face de Croissy, porte encore le nom de chemin de
Saint-Léonard.

tendait que le preux *Roland* y avait été assassiné par le traître Ganelon. Nous voici devant la station, d'où nous apercevons l'église, de construction nouvelle, puisqu'elle a été consacrée le 2 juillet 1865; cette église, construite sur les plans et sous la direction de M. Boileau, architecte de l'église Saint-Eugène, à Paris, a son ossature en fer et fonte et ses murs en béton aggloméré. Elle est composée de trois nefs, terminées par une abside, entourée d'un bas côté et précédée d'un portail ogival formant porche, surmonté d'un clocher avec flèche, et flanquée de deux chapelles latérales.

LE VÉSINET.

E Vésinet a été acquis en 1857 par une société particulière, qui a pris le nom de son directeur, M. Pallu. Cette société a fait dessiner le parc, creuser des rivières et des lacs avec chutes d'eau et cascades. Un vaste réseau de routes sablées et macadamisées embrasse tout le périmètre du parc, indépendamment des sentiers de promenades qui, réunis, n'ont pas moins d'une longueur de 10 kilomètres.

Les travaux ont commencé en mars 1858 et la première adjudication des terrains a eu lieu le 10 octobre de la même année.

Cette opération a eu le plus grand succès ; ce bois, autrefois abandonné, s'est couvert d'habitations de plaisance, et tout dernièrement, la société Pallu ayant achevé son œuvre, la colonie du Vésinet a été érigée en commune indépendante sous le même nom. Le parc du Vésinet renferme dans son étendue un magnifique asile pour les femmes convalescentes. Cet établissement hospitalier est situé entre Chatou et le Pecq, près de Croissy, dans un emplacement découvert, d'où l'on jouit d'une vue magnifique sur les coteaux de Rueil, Bougival et Marly.

L'avenue dite de la Princesse conduit à l'asile, elle aboutit à deux immenses grilles avec pavillons qui forment l'entrée de l'établissement. Cet hospice contient trois cents lits, en y comprenant vingt-quatre lits avec leurs berceaux pour les convalescentes qui ont leurs enfants.

M. Pallu, nommé maire de la commune du Vésinet, se propose actuellement d'établir au milieu du parc, dans la plus charmante situation, un collége international sur une immense échelle. Il suffit de jeter un regard sur les plans, devis et projets pour se convaincre que l'idée de l'ancien directeur de la société du Vésinet, si elle peut se réaliser, aura un effet des plus grandioses en matière d'éducation.

Mais le train a marché, et le voici qui s'arrête à la station dite du Pecq, bien qu'elle soit assez éloignée de ce village.

Ici l'arrêt sera plus long qu'aux autres stations que nous avons dépassées, en raison de la manœuvre des machines; celle qui nous a amenés va se garer sur une voie de dégagement, elle sera remplacée aussitôt par une machine Crampton à haute pression, construite tout exprès pour gravir la pente rapide qui, de cette station, conduit à Saint-Germain.

Dans le principe, et lors de l'établissement de la petite ligne de Paris à Saint-Germain, la gare d'arrivée était au Pecq, sur le bord de la Seine, auprès du pont. Plus tard, la compagnie de ce chemin de fer, sous la direction de MM. Péreire, entreprit de faire monter les trains jusque sur le plateau de Saint-Germain. Au moyen d'un raccordement de tuyaux sur lesquels la traction s'opérait par l'air comprimé, les trains peu chargés pouvaient monter à Saint-Germain. C'est ce qu'on appelait alors le chemin de fer atmosphérique. Nous avons vu fonctionner les immenses machines pneumatiques qui faisaient le vide dans les tuyaux qui contenaient le piston. Ce piston adhérait par une tige de fer à la première voiture du train; c'était quelque chose de prodigieux; la force d'impulsion était telle que tout le bâtiment des machines en tremblait sur ses fondations. La chaleur y était si intense qu'on ne pouvait y séjourner quelques instants sans éprouver du malaise et de l'oppression. Un grand nombre d'étrangers et de visiteurs se rendaient journellement à Saint-Germain rien que pour voir les machines atmosphériques, et ç'a été une grande perte pour la ville lorsque la compagnie des chemins de fer de l'Ouest a remplacé la traction au moyen du vide par la vapeur. Ce n'a pas été une moins grande perte pour la science, car dans le monde entier on ne connaissait guère que ce spécimen pneumatique d'une si grande puissance.

La nouvelle machine est *attelée*, le sifflet du conducteur se fait entendre, et d'immenses nuages de vapeur blanche enveloppent le train; nous marchons ou plutôt nous commençons à gravir la rampe qui nous conduira en quelques minutes à la gare d'arrivée.

Nous *retraversons* la Seine sur deux magnifiques ponts en charpente, qui se relient à un viaduc d'une grande hauteur. Ne vous penchez pas au-dessus du gouffre, sans quoi le vertige vous prendrait.

Cependant, en jetant un regard sur votre gauche, vous ne pourrez vous empêcher d'admirer ce coteau boisé, disposé en amphithéâtre, au milieu duquel surgissent de nombreuses habitations et le clocher d'une église.

C'est le village du Pecq, anciennement appelé *Aupec*, qui remonte à une haute antiquité, ainsi que nous aurons l'occasion de le dire plus longuement lorsque nous l'apercevrons une seconde fois du haut de la terrasse de Saint-Germain.

Avant l'établissement du chemin de fer, les diligences de Normandie changeaient leurs chevaux au Pecq, et, plus anciennement encore, elles traversaient la Seine sur un pont de bois.

Le sifflet de notre locomotive se fait entendre de nouveau, son bruit strident et saccadé nous avertit que le train va s'engager sous un tunnel d'un assez grand parcours. Le tunnel traversé, les rails se trouvent encaissés entre deux hautes berges ou affleurent d'énormes pierres de taille; il a fallu creuser ce chemin à la mine dans le calcaire grossier sur lequel est bâtie la ville de Saint-Germain. La machine paraît essoufflée, sa cheminée rejette des étincelles et même des charbons enflammés; elle est en ce moment à sa plus haute pression, c'est que nous gravissons la pente la plus rapide. Enfin, le mouvement se ralentit, nous sommes sur une surface plane, c'est la gare.

Le Château de François Ier.

SAINT-GERMAIN.

AINT-GERMAIN est élevé!

Heureusement que nous ne sommes pas fatigués, car il nous reste à gravir au moyen de nos propres jambes un escalier de cinquante-cinq marches, ce qui n'est pas toujours agréable pour les voyageurs. Mais, pour celui qui est étranger à Saint-Germain, cette ascension trouve sa récompense aussitôt qu'il débouche sur la place du château. En effet, il se trouve brusquement, et sans aucune transition, en présence d'un élégant monument, tout nouvellement restauré, et dont les lignes pures et les formes correctes, empruntées au style de la renaissance, forment un harmonieux ensemble architectural qu'on appelle le château de Saint-Germain.

Comme nous avons beaucoup plus de temps à nous que dans le chemin de fer, nous nous étendrons davantage dans nos descriptions et origines; nous allons donc, avant d'entrer dans le château, pour y visiter les collections du musée des antiquités nationales, en faire le tour; cela nous permettra de dire quelques mots sur les changements qu'il a subis, et les diverses destinations qu'il a reçues jusqu'à ce jour.

Louis le Gros, d'après les anciennes chartes, résolut, vers 1123, de construire, au sommet du coteau d'*Aupec,* une forteresse qui pût servir à défendre les approches de Paris, et couper aux Normands le chemin qu'ils étaient accoutumés à suivre pour ravager les environs de la capitale, et l'assiéger elle-même.

Dès l'an 1124, on en parle comme d'un édifice au moins bien avancé, et plusieurs chartes de 1143 nous apprennent que nos rois y faisaient déjà leur résidence.

Le château de Saint-Germain fut incendié en 1346 par les Anglais, et après avoir été pendant une vingtaine d'années un monceau de décombres et de ruines, Charles V, en 1363 ou 1367, le fit *réédifier moult notablement,* suivant l'expression de Christine de Pisan.

Le palais de Charles V, dont il ne reste plus aujourd'hui que le donjon restauré et la gentille chapelle de Saint-Louis, était une forteresse plutôt qu'un séjour de plaisance, si l'on en croit certains chroniqueurs, qui se plaisent à décrire ses tourelles pointues, ses ponts-levis, et *ses fenêtres* étroites à vitraux plombés. Sous le règne du roi chevalier, le sombre château va bientôt prendre un autre aspect.

En effet, François Ier choisit le château de Saint-Germain pour le lieu ordinaire de sa résidence. Il donna des soins tout particuliers à sa réparation et à son embellissement ; il en fit restaurer la gracieuse chapelle, fit construire sur la façade de l'ouest une magnifique salle de bal et de spectacle, qui remplaça la terrasse avec galerie de l'ancien château.

A chacune des cinq encoignures, s'élevait une tour, du haut de laquelle on découvrait les pays environnants. L'édifice tout entier était couvert d'une terrasse d'un développement immense, empruntée aux constructions italiennes ; les larges fossés de l'ancien château furent conservés, on les traversait sur deux ponts et une passerelle.

L'heureuse combinaison de la pierre et de la brique dans les cintres des croisées, dans les pilastres et les frontons, donnait à ce monument un cachet d'originalité qui ne se trouvait nulle part.

Ici nous pourrions nous arrêter, et, faisant une immense enjambée dans l'espace, nous pourrions dire au lecteur : Tel était le château de François Ier, tel il est aujourd'hui, grâce au talent de l'éminent architecte, M. Millet, auquel la restauration en a été confiée, et qui a su retrouver dans le sol, dans l'épaisseur des murs, des détails d'ornements que l'on croyait à jamais perdus.

Mais n'anticipons pas sur les événements : un autre grand roi va apparaître, Louis XIV habitera le château de Saint-Germain. L'histoire nous rapporte que, comme il se proposait d'y passer quelque temps, il donna à son maréchal des logis de service la liste des personnes qui devaient l'accompagner. « Je ne crois pas, dit l'officier, que tout ce monde puisse loger au château de Saint-Germain. »

Sur cette observation, Louis XIV se décida à faire faire des agrandissements considérables, qui consistèrent à abattre les tours qui flanquaient les façades, que Mansard remplaça par de lourds pavillons dont la construction coûta près de deux millions. On fit en même temps une réparation générale et de nouvelles distributions intérieures, qui changèrent entièrement l'aspect de cet édifice.

Le roi habita le château réparé et agrandi jusqu'en 1682, et depuis, il servit d'asile à Jacques II, à la reine sa femme et à ses courtisans.

Après la mort de ces illustres réfugiés, et la dispersion de ceux qui les environnaient, il fut abandonné à la garde d'un gouverneur et de quelques officiers.

Pendant la révolution de 1789, les bâtiments qui en dépendaient furent vendus et changèrent de forme et de destination. Les principales pièces du château servirent de réunion pour les assemblées populaires, d'autres servirent de

Le vieux Château sous Louis XIV.

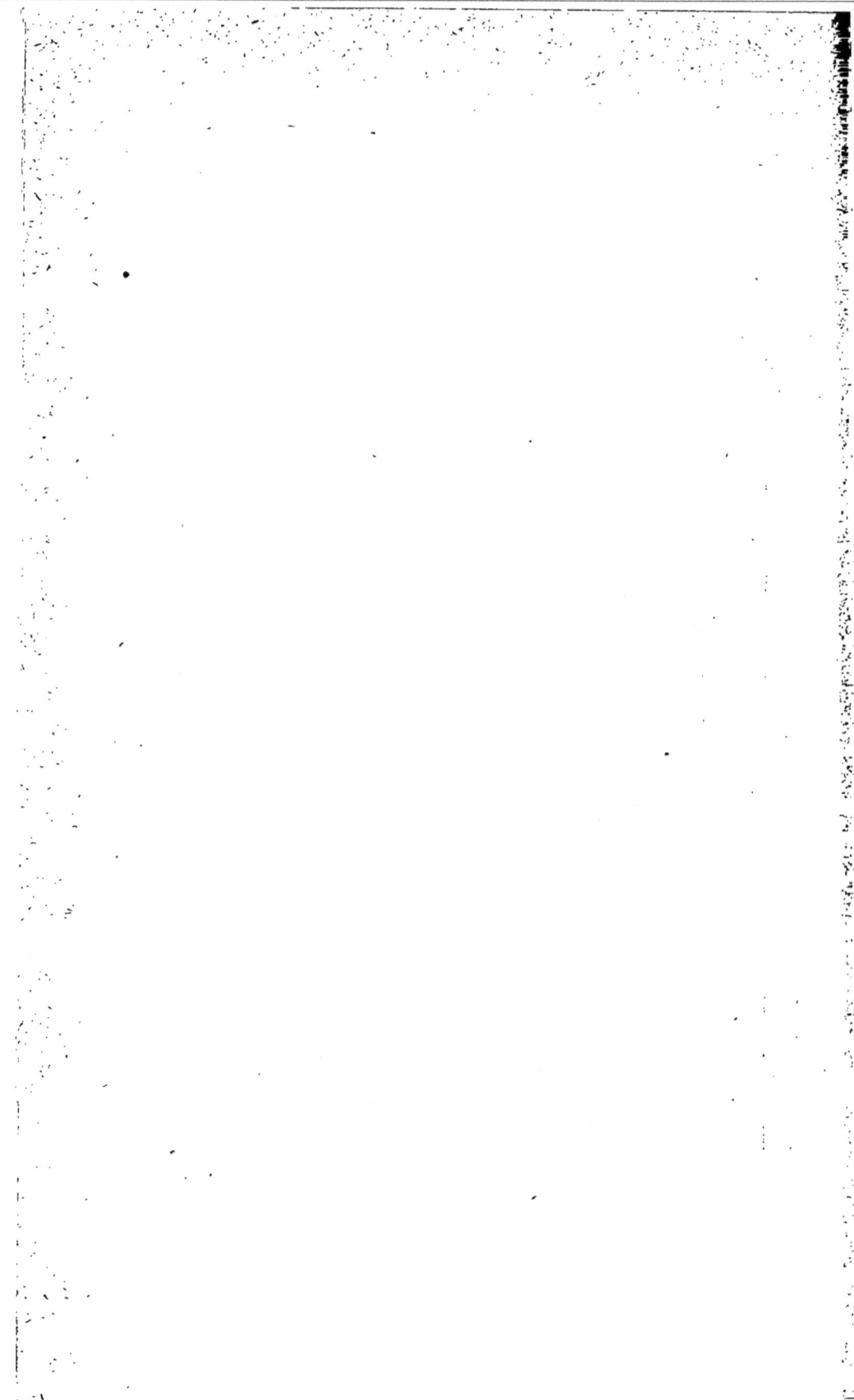

prison et, plus tard, furent louées à des particuliers pour le compte de l'État.

En mars 1809, Napoléon y établit une école spéciale militaire pour les officiers de cavalerie. A cette occasion, il fut fait de grands changements dans les distributions intérieures, dont les grandes pièces devinrent des dortoirs et des salles d'étude.

Cette école fut dissoute par ordonnance royale du 26 juillet 1814.

En 1815, le château, qui avait servi d'ambulance au moment de l'invasion, fut occupé par dix mille Anglais qui trouvèrent le moyen de s'y loger.

Sous la restauration, il devint la résidence de deux compagnies de gardes du corps.

La chapelle fut assez mal restaurée en 1826, bien que le roi Charles X y ait dépensé 50,000 francs. Après la révolution de 1830, le château de Saint-Germain ne reçut aucune destination, et ce ne fut qu'en 1836, par ordonnance du roi Louis-Philippe Ier, qu'un pénitencier militaire y fut établi.

Les vastes salles du château furent alors divisées en cellules pour abriter les soldats condamnés par les conseils de guerre ; les prisonniers furent libérés un instant pendant la révolution de février, puis réintégrés, et enfin, l'empereur Napoléon III fit évacuer définitivement le pénitencier, le 10 juillet 1855.

Le château resta sans destination jusqu'en 1862, mais le 13 juin de la même année, l'empereur, par décret spécial, décida qu'il serait consacré à l'installation d'un musée gallo-romain, et il en confia la restauration à un architecte du plus grand mérite, M. E. Millet.

La tâche imposée à l'architecte n'était pas facile à remplir; le château de Saint-Germain, depuis Louis XIV, avait subi de si grandes modifications, les réparations, additions et démolitions, jointes aux outrages du temps, avaient tellement modifié l'édifice, qu'il fallait, pour ainsi dire, le reconstruire entièrement; M. Millet soumit à la commission des monuments historiques le projet de réédification de l'œuvre de François Ier, et ce plan fut adopté.

Depuis cette époque, les travaux n'ont jamais été interrompus, et aujourd'hui il ne reste plus à terminer que la chapelle, qui est déjà fort avancée et la façade qui est en regard de l'église et du centre de la ville. Nous pouvons encore juger de la construction des gros pavillons d'angle de Mansard par celui qui subsiste encore, mais qui va bientôt disparaître.

Nous voici devant la chapelle, dont la restauration s'achève lentement, trop lentement même au gré de l'architecte, qui ne peut chaque année disposer que d'un crédit fort restreint; mais, peu importe, ce que nous en voyons suffit pour nous donner une idée de ce que sera l'édifice tout entier. Seulement nous prierons le visiteur de jeter les yeux sur la dernière croisée : il reconnaîtra que les ogives sont encore masquées par une baie cintrée construite par Mansard, afin de raccorder l'architecture de la chapelle avec celle du reste des bâtiments. Un étage avait même été construit au-dessus des voûtes du sanctuaire pour établir la communication entre les appartements destinés à la suite du roi.

Cet édifice religieux, dont le vaisseau appartient au xiiie siècle, paraît avoir été construit sur les mêmes dessins que la Sainte-Chapelle de Paris, et il doit recevoir une toiture et une flèche analogues. Lorsque nous visiterons l'intérieur, nous pourrons nous rendre un compte plus exact de la délicatesse de son architecture.

Nous n'avons plus qu'à traverser la place du Château, en longeant la façade non encore restaurée de la salle de Mars, puis nous entrerons au château par la porte principale, qui, anciennement, était protégée par un pont-levis remplacé actuellement par un simple pont en maçonnerie. Mais avant de le franchir, jetons un regard dans le fossé qui est à notre gauche :

là, nous verrons un de ces grossiers monuments de pierre brute que l'on a appelés dolmen (*table de pierre, en breton celtique*). Nous en donnons la description dans notre *Guide du visiteur au Musée des antiquités nationales,* qui est le complément naturel de celui-ci[1].

Nous ne nous préoccuperons donc, dans ce *Guide du voyageur à Saint-Germain,* que de la description des monuments de la ville, ainsi que de celle du château, de la forêt et de quelques communes environnantes, que l'on peut apercevoir de la terrasse.

Nous voici dans la cour du château, dont la structure est assez originale; bon nombre d'auteurs ont épuisé le champ des conjectures sur sa forme pentagonale. Il en est une, entre autres, assez singulière pour que nous la reproduisions. Comme cette cour semble affecter sur plan la forme d'un D, on a voulu y reconnaître une attention galante de François Ier pour la belle Diane de Poitiers[2]; mais cette supposition n'a rien de fondé; il est bien plus naturel de présumer qu'on a multiplié les faces

1. Le *Guide du visiteur au musée des Antiquités nationales* se vend à la gare et chez tous les libraires de la ville.

2. On sait que Diane de Poitiers était la maîtresse de Henri II.

du château à cause des points de vue, qui, de tous côtés, sont admirables.

A droite est la chapelle dont nous venons de visiter l'extérieur ; du côté de la ville, son aspect nous présente une singularité architecturale qui est peut-être la seule au monde : c'est que les baies qui reçoivent les meneaux en ogive sont rectangulaires ; cependant certains auteurs affirment qu'elle se trouve en conformité de construction avec plusieurs monuments gothiques de la Bourgogne et de la Champagne.

La chapelle fait partie de la masse du château, elle paraît appartenir, par son style, à la Sainte-Chapelle du Palais de Justice de Paris ; cependant, rien ne prouve qu'elle ait été dessinée sur les plans de Pierre de Montreuil, ainsi qu'on l'a prétendu. Quoi qu'il en soit, celui qui l'a construite était un architecte de grand talent.

M. Millet, à l'occasion de la visite du congrès, a bien voulu nous conduire lui-même à l'intérieur de cette chapelle ; il nous a fait remarquer l'élégance des nervures de la voûte, ainsi que celle des colonnettes qui la supportent. A force de recherches, il en a découvert tous les détails de sculptures. Dans l'épaisseur d'un mur, il retrouvait des débris d'arcature ; sous le sol on découvrait un chapiteau ; avec son canif, en dégradant le plâtre qui la recouvrait, il mettait à jour la grande rosace qu'il se propose d'éclairer avec un vitrage métallique de couleur à reflets or et argent ; puis, il nous montrait, dans les fossés, trois grandes voûtes à plein cintre, dans lesquelles il doit placer le produit de ses trouvailles ; ce sera là, dit-il, son musée.

En effet, depuis quelques jours, nous avons vu, entassés sous ces voûtes, les gargouilles, les chapiteaux et tous les détails de sculpture découverts par l'éminent architecte.

Ainsi que le château, la chapelle a subi bien des modifications depuis sa restauration par François Ier : on connaît l'affublement que Mansard lui a imposé sous Louis XIV, pour la mettre en harmonie avec le reste des bâtiments du château ; quant à sa décoration intérieure à cette époque, plusieurs auteurs en parlent avec enthousiasme : elle était soigneusement entretenue pendant le séjour de la cour à Saint-Germain ; mais à la révolution de 1789, tout cet éclat disparut ; l'autel fut démoli, les colonnes renversées et transportées au musée des Petits-Augustins à Paris. Les boiseries du chœur furent brisées, les parquets arrachés, les grilles vendues, les carreaux en marbre de la nef mutilés et détruits ; rien de ce qu'on put atteindre ne fut épargné. Les peintures de la voûte échappèrent cependant à cet affreux désastre, et nous pouvons encore les contempler aujourd'hui, bien qu'elles soient assez dégradées par l'humidité.

Sous la Restauration, le maître-autel fut replacé sur ses anciens piédestaux, les colonnes furent peintes en marbre et rehaussées de dorures ainsi que l'attique; les deux tribunes latérales furent restaurées, les anciennes balustrades de la nef furent remises en place; enfin, la tribune du fond, reconstruite entièrement, fut aussi redorée.

Au-dessus du maître-autel, on replaça une copie du chef-d'œuvre du Poussin, au lieu de l'original que l'on y voyait autrefois.

Ces dorures et ces boiseries, qui masquaient les détails d'architecture de l'édifice primitif, étaient en fort mauvais état, lorsque l'on entreprit les derniers travaux de restauration.

Quant aux distributions intérieures du château, elles ont été si souvent changées, qu'on n'y reconnaîtrait que peu de choses aujourd'hui. Il n'y a guère que la grande salle, dite salle de Mars, qui ait conservé son ancien aspect; on voit encore au-dessus de la cheminée la salamandre en relief et les armes du roi-chevalier.

Sous la régence, Anne d'Autriche habitait un appartement situé au premier étage, dans le pavillon du fond, à l'est, ayant vue sur le parterre et la terrasse; les appartements royaux, sous Louis XIV, occupaient toute la façade de l'est; c'étaient là que se trouvaient les pièces d'apparat, telles que la salle du Trône, celle des Ambassadeurs, etc., etc. Les appartements particuliers du monarque étaient à l'ouest; la Dauphine, Marie-Anne-Christine-Victoire de Bavière, femme de Louis de France, habitait l'entre-sol, dans le pavillon de l'Horloge; c'est cet appartement qui a été conservé à peu près en bon état jusqu'en 1856.

Au troisième, dans le pavillon de l'est, au fond de la cour, était, dit-on, l'appartement de Mme de Montespan; un petit escalier dérobé conduisait aux étages inférieurs. Celui de Mlle de La Vallière était placé dans les combles, comme tous ceux des filles d'honneur. On y retrouvait encore, il y a peu de temps, des grilles qui paraissaient être du temps où Mme de Navailles reçut ordre d'en faire placer aux fenêtres de toutes les filles d'honneur.

Le 31 mars 1670, Mme de Montespan accoucha, au château de Saint-Germain, de Louis-Auguste de Bourbon, duc du Maine; cet accouchement, comme celui qui l'avait précédé, fut tenu secret; on n'osa pas même introduire dans le château Mme Scarron, qui était nommée gouvernante des enfants de Mme de Montespan.

Lauzun reçut le nouveau-né ; on n'eut pas le temps de l'emmailloter dans des langes ; il le prit dans son manteau, traversa l'appartement de la reine, toujours tremblant qu'il ne criât et il le porta dans le carrosse de Mme Scarron, qui l'attendait dans le petit parc.

En ce qui concerne les grilles placées aux fenêtres des combles où logeaient les filles d'honneur, voici ce que l'on raconte : Louis XIV, dans un voyage à Fontainebleau, apprit, on ne sait comment, que la douce et tendre La Vallière l'aimait en secret ; flatté d'être l'objet d'une inclination mystérieuse, il abandonna aussitôt ses dernières amours et courut porter ses hommages aux pieds d'une belle qui paraissait disposée à les accueillir favorablement. Louis éprouva d'abord une résistance à laquelle il était loin de s'attendre ; La Vallière, entraînée par son cœur, mais retenue par la vertu, ne pouvait se résoudre à une faiblesse dont le rang de son amant ne pouvait, selon elle, racheter la honte et l'ignominie.

Louis, qui ne perdait pas de temps en amour, jeta les yeux sur Mlle de La Mothe Houdancourt, en attendant que La Vallière se décidât ; une nuit, en l'absence de la duchesse de Navailles, le roi, après avoir escaladé les gouttières et gagné la terrasse du château, parvint au logement des filles d'honneur, placé, comme nous l'avons dit, dans les combles, et il pénétra par la fenêtre dans la chambre de sa maîtresse. Instruite de cette équipée royale, la duchesse de Navailles ne balança point à faire griller les fenêtres des filles d'honneur, « *ce qui ne fit rien à l'affaire,* » dit un chroniqueur de ce temps.

Un ancien auteur se plaît à décrire les *oubliettes* du château de Saint-Germain en Laye, dont on n'a, de nos jours, reconnu aucune trace ; nous lui laissons, bien entendu, toute la responsabilité de son récit.

« Dans toutes les constructions féodales, dit-il, et dans tous les châteaux royaux, bâtis surtout depuis Louis XI, il existait une de ces redoutables prisons d'État, connues sous le nom d'*oubliettes,* et dans lesquelles un malheureux, une fois descendu, était perdu sans retour. Celles de Saint-Germain, aussi anciennes que le château, ou qui datent au moins de François Ier, étaient *adossées à l'épaisseur d'un pilier en pierre, qui porte les retombées des voûtes d'une partie du pavillon dit de l'Horloge, lequel n'était autrefois qu'une tour flanquant les ailes nord et ouest de l'édifice.*

« Ces oubliettes, dont une partie existait encore, au dire de l'auteur, en 1833, époque où il écrit, avaient, selon lui, six pieds carrés,

Le vieux Château sous Louis XIII.

descendaient à dix pieds au-dessous du niveau
des caves, qui ont deux étages l'un sur l'autre,
et s'élevaient jusqu'au premier étage du bâtiment. La hauteur en aurait été interrompue
par les constructions faites sous Louis XIV.
Les murs qui environnaient ces oubliettes
avaient jusqu'à vingt pieds d'épaisseur, par
suite des additions qu'il a fallu faire pour
joindre les constructions nouvelles au corps de
l'édifice.

« L'entrée de ce gouffre, dans lequel ne pé-
nétrait pas même l'espérance, était fermée par
deux portes : l'une, de six pouces d'épaisseur
et doublée en fer, a été détruite lors de l'établissement de l'école de cavalerie ; la deuxième
fut conservée. A cette époque, les oubliettes
furent comblées jusqu'à la hauteur des caves ;
quelques marches, qui existaient encore et qui
servaient à descendre dans cette fosse, indi-
quaient à quel usage funeste elle était destinée.

« Sur les murs de ce souterrain, on remarquait, avec douleur, des armoiries grossière-
ment sculptées par des mains inhabiles. Ces
ouvrages étaient, sans doute, les délassements
de quelques malheureux prisonniers, à qui il
ne restait que ce moyen de faire connaître à
leurs successeurs dans ce lieu sépulcral, qu'ils
y avaient gémi avant eux et y avaient subi la
mort qui les attendait.

2.

« Plusieurs grilles, placées à diverses hauteurs dans le mur principal du puits de descente, formaient autant de cachots obscurs, qui ne recevaient d'air que par l'ouverture du gouffre. Depuis Louis XIV, ces cachots ont été transformés en de vastes caves qui communiquaient aux fossés du château. »

Ce dramatique récit est entièrement controuvé par un autre auteur, qui affirme que le puits signalé plus haut n'a jamais servi que de conduit de descente pour les poids de l'horloge[1].

Mais en fait de substructions anciennes, nous pouvons signaler, avec connaissance de cause, des vestiges souterrains qui ont été mis au jour par des fouilles récentes, et qui indiquent la direction des murailles du château qui précéda celui de François Ier. Sous la tour du donjon de Charles V, il existe une salle basse qui se prolonge sous la cour du château. On remarque, à l'un des angles de cette salle, la base d'une tourelle et les premières marches d'un escalier qui devait communiquer avec les étages supérieurs. Les murs de cette salle, d'une grande épaisseur, sont perpendiculaires à la façade principale du château.

1. M. Millet, consulté par nous à ce sujet, a bien voulu nous écrire pour nous affirmer qu'il n'avait retrouvé aucunes traces d'oubliettes dans le château.

En 1864, M. Millet rencontra deux murs du
xiv⁰ siècle, en fouillant le sol de la cour intérieure; les matériaux de ces murs étaient
identiques à ceux de la salle basse et suivaient
une direction parallèle à ces derniers.

En 1865, on découvrit encore quelques pans
de murailles anciennes; enfin, en 1873, en
creusant le fond de la cour, on a trouvé tous
les soubassements d'une grande salle, avec un
âtre de cheminée, et dans un de ses angles, un
emmarchement d'escalier.

Toutes ces substructions, qui sont religieusement conservées sous le pavé, indiquent des
directions très-différentes de celles adoptées
dans les plans du château de François I⁰ʳ ; ce
sont probablement là les vestiges de l'ancien
château de Charles V.

Nous ne pénétrerons pas dans les salles du
château, dont nous donnons la description
dans notre *Guide spécial du Musée ;* nous
sortirons donc de la cour pour nous diriger
vers le parterre.

La topographie du parterre, comme l'architecture du château, a subi bien des modifications : lorsque François I⁰ʳ reconstruisit le
château de Charles V sur de nouveaux plans,
les arbres qui masquaient les points de vue furent abattus et remplacés, vis-à-vis la façade
nord-ouest, par un jardin de médiocre éten-

due, que Louis XIV fit agrandir en 1674. Le
Nôtre dessina le nouveau jardin, qu'il planta
en forme de parterre, avec deux grandes pièces
gazonnées bordées de buis. On y voyait des
bassins de quarante pieds de diamètre, placés,
l'un en face de la surintendance, vis-à-vis le
pavillon dit de l'Horloge, et l'autre en face du
pavillon de l'Est.

Les gazons étaient environnés de plates-
bandes garnies de fleurs, et séparés par une
allée de vingt mètres de large, se dirigeant vers
les Loges, et au bout de laquelle on voyait un
troisième bassin de quatre-vingts pieds de diamètre. Ce jardin, entouré de contre-allées de
tilleuls et de marronniers, qui fournissaient
une délicieuse fraîcheur, était séparé de celui
de la Dauphine par un bosquet charmant et
une orangerie.

Sauf le jardin de la Dauphine, dont il ne
reste plus de traces, on voit que la disposition
actuelle du parterre rappelle assez correcte-
ment celle qui existait sous Louis XIV.

Le long du fossé du château s'étendait en
pente un terrain plus élevé que le sol ; M. Millet y a construit un vaste perron desservi par
deux escaliers en pierre, ornés de socles et surmontés de vases sculptés.

En descendant ces escaliers, nous nous dirigerons vers la petite terrasse, où se donnent

pendant la saison d'été des concerts par la musique municipale et les musiques de la garnison.

Ici nous ouvrirons une parenthèse, pour faire remarquer que la musique municipale de Saint-Germain attire, le dimanche, de nombreux auditeurs, non-seulement de la ville et des environs, mais aussi de la capitale. Pour les Parisiens, Saint-Germain est un lieu de villégiature, ou plutôt une ville de plaisance, et les soirs d'été, même lorsque les musiques se taisent, la petite terrasse rassemble un nombre considérable de familles qui viennent y respirer la brise embaumée de la vallée.

La terrasse, par une soirée d'automne, alors que la brume s'étend sur les campagnes environnantes, ressemble à s'y méprendre à une plage immense, dont la mer n'a pas de limites.

Et cela n'a pas toujours été une fiction, car la science nous apprend qu'aux temps géologiques, la Seine avait pour lit l'espace qui s'étend des coteaux de Bougival et Marly à ceux qui couronnent les villages d'Argenteuil et Sannois. (Voir le *Guide du visiteur au Musée des antiquités nationales.*)

Après nous être reposés un instant sur les bancs de la petite terrasse, nous reprendrons notre promenade, en suivant l'avenue qui con-

duit à la grande terrasse ; remarquons en passant la reproduction du Vercingétorix, que
l'on a nouvellement placée au bout de l'allée ;
puis, arrêtons-nous un instant sur l'un des
contre-forts entourés de grilles à hauteur d'appui, où l'on a disposé un grand nombre de
bancs à dossiers pour les amateurs de beaux
points de vue.

Nous nous sommes souvent demandé pourquoi tant de Parisiens vont à l'étranger chercher des panoramas d'une grande étendue,
tandis qu'aux portes de la capitale ils en ont
de si magnifiques, tels que ceux de Meudon et
de Saint-Germain?

Quelle animation dans ce paysage! D'un
côté, la Seine, avec les nombreux bateaux à
vapeur qui la sillonnent ; de l'autre, le chemin
de fer, dont la locomotive, avec ses flocons de
nuages blancs, traîne une longue suite de wa-
gons ; c'est un va-et-vient continu.

D'ailleurs, voici un spéculateur qui l'a bien
compris : c'est *l'homme à la lunette* qui, pour
deux sous, va nous faire voir l'heure exacte au
cadran de Sannois, ou le factionnaire qui
monte la garde sur les talus du Mont-Valérien.

Hélas ! l'état-major de l'armée allemande
l'avait bien compris aussi, car il n'était pas de
jours, pendant l'occupation, où l'on ne vît des
officiers appuyés sur la balustrade, déroulant

L'ANCIEN PAVILLON HENRI IV

leurs plans et leurs cartes stratégiques, qui étaient peut-être bien les nôtres. Mais revenons à l'histoire de notre terrasse.

Cette magnifique promenade, qui a plus de trois kilomètres de longueur, sur une largeur de vingt mètres, depuis le pavillon Henri IV jusqu'à la grille Royale, a été construite, en 1676, par Le Nôtre; du côté de la forêt, une ligne de beaux arbres donne un ombrage très-agréable pour les promeneurs.

La partie opposée est appuyée, dans toute sa longueur, sur un mur de soutènement, couronné par une élégante grille en fer forgé servant de balustrade.

Puisque nous avons parlé tout à l'heure du pavillon Henri IV, nous devons dire ce qu'il est aujourd'hui et ce qu'il a été autrefois :

Aujourd'hui, le pavillon Henri IV est occupé par un établissement d'hôtel et de restaurant de premier ordre, sous la direction de M. Barbotte fils, digne continuateur des Collinet et Barbotte père, dont la réputation est européenne. Pas de princes, pas de têtes couronnées qui aient visité la France et en soient repartis sans être venus au moins une fois s'asseoir devant les tables splendides du pavillon Henri IV.

Les salons du rez-de-chaussée, dont le principal est dans l'ancienne chapelle du château neuf, sont, pendant la belle saison, le rendez-vous de tout ce que Paris possède de remar-quable dans la littérature, dans l'armée, dans les sciences et dans les arts.

« L'ombre du Béarnais, a dit un vieux « chroniqueur de nos amis (Léon de Villette), « aime à errer le soir autour de ce pavillon; « elle peut se convaincre que la vieille France, « malgré tant d'orages et de vicissitudes, a su « conserver encore de ces *diables à quatre, qui* « *savent aimer, boire et se battre.* »

Entrons dans ce splendide établissement, et pendant que l'on vous servira quelques ra-fraîchissements sous la tente qui longe une re-marquable terrasse, vous nous permettrez, sans doute, de vous faire quelques récits historiques sur les communes environnantes : nous com-mencerons tout d'abord par celle dont nous apercevons le clocher presque à nos pieds.

LE PECQ.

E Pecq, anciennement appelé *Aupec*, en latin *Alpicum*, est un village d'ori-gine fort ancienne; une charte de 704 nous apprend que le roi Childebert III, la dixième année de son règne, donna à l'abbaye de Fon-tenelle, du diocèse de Rouen, autrement dite

LE CHATEAU NEUF VU DU PECQ.

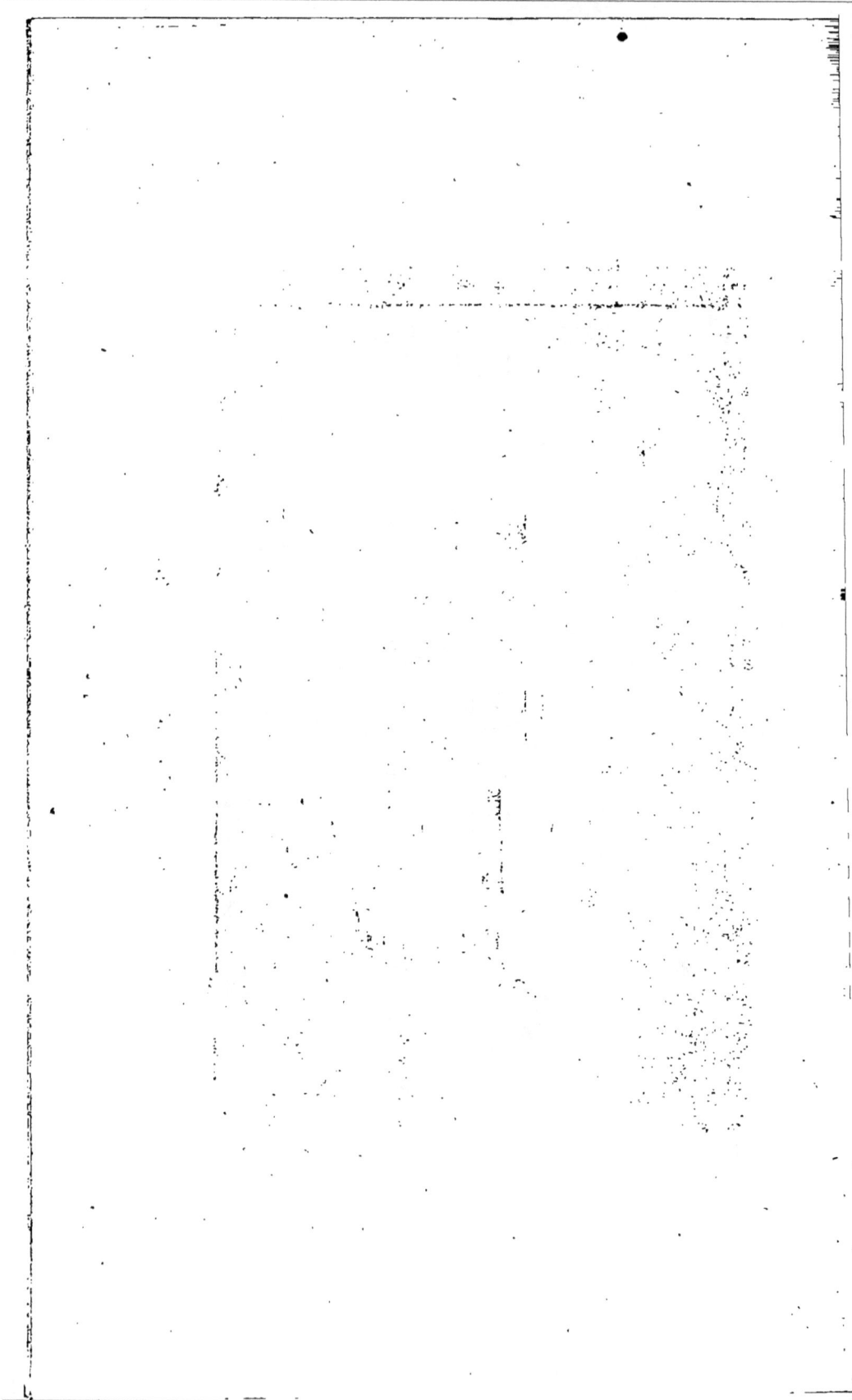

de Saint-Vandrille, la terre royale d'Aupec [1].
La chronique de l'abbaye de Saint-Vandrille,
de l'an 1000, prend le soin d'ajouter : *adja-
cences adjacentes*, avec ses dépendances.

Dès le temps de Louis le Débonnaire, la
terre d'Aupec était couverte de vignes qui
donnaient une récolte assez abondante. On
lit, dans un règlement fait par Anségise, abbé
de Saint-Vandrille, décédé en 833, que le
domaine d'Aupec fournissait annuellement à
son monastère 350 muids de vin [2].

Les religieux de l'abbaye de Saint-Vandrille
eurent soin de conserver un bien si productif,
et se firent confirmer, en 845, par Charles le
Chauve, la donation que Childebert leur en
avait faite. Plus de trois cents ans après, ils
sollicitèrent de Louis le Jeune une nouvelle
confirmation, qui leur fut accordée à Compiè-
gne, en 1177.

Mais les bons moines ne jouirent pas tran-
quillement de ces biens : vers la fin du xie siècle, un chevalier formidable du nom d'Ervaud
ou Evrard, dont le château était sur le territoire de Marly, pensant qu'il boirait tout aussi
bien et peut-être aussi vite que les moines de
Saint-Vandrille les trois cent cinquante muids

---

1. *Villam quæ vocatur Alpicum*, etc., etc.
2. *Vinum de Alpiaco modios CCCL.*

de vin qu'ils retiraient du domaine d'Aupec, résolut de s'approprier le vignoble qui les produisait. Aussitôt, passant du projet à l'action, il enleva tout d'abord les porcs que les bons religieux avaient engraissés. Saint Vandrille ne pouvait pas laisser passer sans punition un pareil acte de félonie. Il apparut, dit la légende, pendant une nuit au seigneur de Marly ; il le malmena si fort et lui fit une si grande peur, qu'il s'empressa de restituer au monastère les porcs volés et paya une indemnité pour ceux qui avaient déjà été transformés en jambons.

Cet événement se rapporte au xie siècle, si fertile en légendes de toute espèce.

Le prieuré de Saint-Vandrille était l'un de ceux qui devaient *le piment* à Notre-Dame de Paris, le jour de l'Assomption.

Les guerres civiles et étrangères n'épargnèrent pas plus le Pecq que tous les autres villages des environs de Paris, et l'on pourrait presque croire qu'il disparut entièrement pendant un assez grand espace de temps, puisqu'il n'en est plus question qu'en 1355, pour un agrandissement de la paroisse de Saint-Germain.

En 1596, Henri IV affranchit *pour toujours* les habitants du Pecq de toutes tailles, impositions et subsides, à la réserve du *taillon*, pour les dédommager de l'abandon volontaire de vingt arpents de terre destinés aux jardins du Château neuf, qu'il élevait à Saint-Germain pour sa maîtresse la duchesse de Verneuil. En 1688, les habitants du Pecq renoncèrent à cette faveur; mais bientôt leur village fut ruiné, la plupart des maisons tombèrent faute d'entretien, et ils furent obligés, en 1722, de demander en grâce qu'on leur rendît leur privilége; ce qu'on leur accorda, bien entendu, mais moyennant un taillon de mille livres par an.

Le village du Pecq s'étend sur une descente assez rapide de la côte de Saint-Germain jusqu'à la Seine. On y remarque encore un pavillon (le pavillon dit *du Jardinier*), dépendant du Château neuf, dont on a fait une charmante habitation.

Il existait anciennement, au bas de la rue principale du Pecq, un pont en bois dont la construction remontait, dit-on, à l'an 1665; ce pont, qui tombait en ruine, fut entièrement réparé en 1775; enfin il a été emporté par les glaces en 1830. A son extrémité sud on voit encore un de ces arbres dont la plantation est attribuée au premier ministre de Henri IV; on l'appelle encore *l'orme de Sully*. Ce pont a été l'objet, en 1815, de la part d'une poignée de braves, d'un acte de valeur héroïque : le 1er juillet, le corps de Blücher, se repliant sur les environs du Pecq, tenta le passage du pont. La défense de ce poste important avait été laissée à un détachement de vingt-cinq hommes. L'officier qui les commandait n'hésita pas, malgré le petit nombre de défenseurs dont il pouvait disposer, à engager l'action. Après les plus vaillants efforts, il tomba mortellement blessé. Ce qui restait des vingt-cinq braves, dont la plus grande partie fut tuée, opéra sa retraite sur Saint-Germain. Les habitants du Pecq, malgré leur prompte soumission, virent le village exposé pendant plusieurs jours aux fureurs de la soldatesque ennemie.

En 1834, un nouveau pont a été construit dans l'axe de la route de Paris à Mantes ; il a été entièrement détruit par le feu en 1870, pendant l'invasion. Une arche ayant été incendiée par le génie français, l'armée allemande brûla les autres.

L'église paroissiale, dédiée à saint Vandrille, est fort ancienne et a été rebâtie plusieurs fois. Celle qui subsistait en 1720 était située un peu au-dessous du milieu de la côte, et si nous nous en rapportons à un vieux chapiteau sculpté et à certains vestiges encore existants dans la principale rue de cette commune, l'architecture de cette ancienne église devait appartenir à l'ordre ogival fleuri. Comme elle tombait de vétusté, on l'abattit en 1746, et on la reconstruisit sur un autre emplacement beaucoup plus élevé.

Le portail est d'une grande simplicité architecturale; il est surmonté, comme clocher, d'une tour quadrangulaire, couronnée par des vases en pierre.

Puisque nous nous trouvons sur l'emplacement, anciennement occupé par les bâtiments du Château neuf, nous ne pouvons nous refuser à en faire une sommaire description :

Le Château neuf, commencé par Henri II et terminé par Henri IV, était, disent les historiens, de la plus grande magnificence. Plusieurs gravures de l'époque représentant les jardins en amphithéâtre qui descendaient jusqu'à la Seine, peuvent mieux qu'aucune description nous donner une idée de *ce lieu de plaisance le plus rare en beauté, le plus gracieux en séjour, et le plus abondant en toutes sortes de délices qui fût en France*[1].

Ces gravures viennent d'être rééditées et l'on peut se les procurer facilement chez nos libraires.

Nous ne nous occuperons que du pavillon Henri IV que nous visiterons avec la permission de son locataire actuel, M. Barbotte.

Le rez-de-chaussée formait une admirable

1. André Duchesne, *les Antiquités de la France.*

grotte en rocaille, avec des sculptures que l'on attribue à Jean Goujon. La voûte est encore enjolivée de nacre et l'on peut admirer la finesse de détails des ornements sculptés.

Un escalier conduit au premier étage, qui, dit-on, formait la chapelle du Château neuf. C'est actuellement le salon d'apparat du restaurant. On y remarque de très-bonnes copies de portraits, prises au musée de Versailles ; la coupole est décorée par une peinture allégorique d'un excellent effet.

M. Barbotte fils, pour donner plus d'extension à son établissement, vient de se rendre locataire de toute une aile de bâtiments, ayant vue sur le parterre ; c'est, dit-on, l'ancienne maison du roi.

Des fenêtres du grand salon nous jouissons d'une vue magnifique, embrassant les coteaux de Marly, Bougival et Rueil.

Le Mont-Valérien les domine par son imposante masse. Vers la gauche on aperçoit les hauteurs de Montmartre ; puis la colline s'abaisse jusqu'à la plaine Saint-Denis, d'où s'élance l'unique flèche de la basilique. Enfin, l'horizon se mamelonne de nouveau : les collines d'Argenteuil et de Sannois, couronnées de bois, semblent couper le ciel par une bordure vert sombre au delà de laquelle se montre le nouveau fort de Cormeilles, qui ne le cède

en rien, dit-on, à la forteresse du Mont-Valérien.

Si nous désirons voir ces différents points
de plus près, *l'homme à la lunette* nous offrira
un télescope excellent, moyennant une légère
rétribution.

Maintenant, si nous ne sommes pas trop
fatigués, nous suivrons la terrasse dans toute
sa longueur, pour de là pénétrer dans la forêt
par la grille Royale. Nous pouvons d'ailleurs
nous faire suivre par une voiture de place, car
le trajet dans la forêt nous mènera peut-être un
peu loin.

Avant de pénétrer dans la forêt, nous remarquerons au bas de la terrasse une belle propriété, appelée le Belloy, qui est dans la
situation la plus agréable; c'est le reste d'un
ancien fief nommé le Balroy, qui était de peu
d'importance. Plus loin encore apparaît le
village de Carrières-sous-Bois, où s'élevait un
château dont il ne reste plus qu'une tourelle,
sur laquelle on voit encore sculptée en relief la
salamandre de François Ier.

La forêt de Saint-Germain faisait autrefois
partie de l'immense forêt gauloise d'Iveline, qui
occupait les pays chartrains (*Carnutes*) et
s'étendait jusqu'aux environs de Poissy et
d'Achères.

La forêt d'Iveline est un excellent emplace-

ment défensif qui pourrait, au besoin, dissimuler aux yeux de l'ennemi tout un corps
d'armée; c'est ce qu'avaient fort bien compris
les Normands, qui n'osèrent jamais pénétrer
sous ces ombrages redoutés. Leurs bandes suivaient toujours les bords de la Seine ou les
plaines depuis Pontoise jusqu'au delà de Chatou, où elles se réunissaient pour assiéger
Paris.

La religion chrétienne, en faisant disparaître
le culte druidique, amena le défrichement pro-
gressif de ces bois de haute futaie. Les moines
portèrent la hache dans leurs profondeurs im-
pénétrables jusqu'alors, et bientôt tombèrent
avec fracas ces chênes séculaires si chers aux
vieux Gaulois.

Les moissons couvrirent les espaces déboisés
et la vieille forêt d'Iveline disparut en grande
partie.

Les cantons qui échappèrent aux défriche-
ments prirent des noms particuliers tirés des
habitations qui les avoisinaient, tels que la
forêt de Laye, la forêt de Saint-Léger en· Iveline, la forêt de Dourdan, le bois de Rambouillet. La forêt de Laye, à cause de sa proximité
de la capitale, fut l'objet, de la part de nos
rois, de soins tout particuliers; elle fut aménagée pour le gros gibier. On y établit des garennes et une faisanderie.

Le sol de la forêt de Saint-Germain, au point de vue géologique, est une formation de sable siliceux, mêlé d'humus avec cailloux de silex non roulés d'une épaisseur variable entre $1^m,20$ et $1^m,50$.

Cette formation est interrompue sur plusieurs points par des bancs minces et irréguliers de meulière. On y trouve aussi par endroits du sable argileux sans coquilles, de l'argile plastique par filons peu épais, mais qui maintiennent cependant les eaux à la surface. Enfin, quelques bancs de marne argileuse précèdent le calcaire grossier qui fait la base de la montagne sous laquelle on trouve la craie blanche.

La flore de la forêt est peu variée en espèces, les essences de bois sont principalement le chêne, quelques châtaigniers et des ormes recherchés par le commerce.

Pour servir de renseignements et de guides aux promeneurs, on a placé de nombreux poteaux portant des inscriptions; mais il serait nécessaire d'indiquer par des flèches, comme on l'a fait pour la forêt de Fontainebleau, le parcours de certaines parties de la forêt où il est assez facile de s'égarer.

Plusieurs croix monumentales ont été élevées dans la forêt de Saint-Germain, soit pour consacrer la mémoire d'événements qui s'y sont

3.

accomplis, soit en l'honneur de quelques personnages marquants.

Telles sont :

1º La croix pucelle, placée à l'endroit où
une jeune fille fut tuée en 1423 ;

2º La croix de Poissy, érigée en 1640, par
l'ordre de Louis XIII ;

3º La croix de Montchevreuil, pour consacrer le souvenir d'un capitaine de ce nom,
qui avait rendu praticable la route de Poissy
à Saint-Germain ;

4º La croix de Berry, élevée par la famille
d'un particulier qui avait été assassiné en cet
endroit, en 1640 ;

5º La croix de Saint-Simon, sur la route de
Conflans, érigée par les ordres du duc de ce nom ;

6º La croix de Noailles, placée par le maréchal de Noailles en face d'un pavillon qu'il fit
construire en 1751 ;

7º La croix Dauphine, posée en 1540, sous
François Iᵉʳ ;

8º La croix du Maine, érigée en 1709 par
ordre de Louis XIV, en l'honneur de Louis-
Auguste de Bourbon, légitimé duc du Maine.

Il y avait encore sur un chêne coupé, sur la
route de Maisons, une croix appelée la croix
de Beaumont, en mémoire d'un capitaine des
chasses de ce nom, assassiné dans la forêt par
deux hommes de qualité.

En 1793, la plupart de ces monuments ont été détruits ; cependant on en trouve encore quelques-uns qui ont échappé au vandalisme révolutionnaire.

Certains carrefours portent des noms auxquels se rattachent des légendes ou traditions, tels que celui du *Pas du roi*, qui dut son nom à une chute que François Ier fit en cet endroit ;

Le *Repos du tonnelier*, à l'intersection du chemin d'Achères à la Muette, et de Saint-Germain à Conflans, ainsi nommé parce que le sommelier du château se tenait à cet endroit les jours de grande chasse pour rafraîchir les gens de la suite du roi ;

Le carrefour des *Six chiens* doit sans doute son nom à ce que cet endroit était un relais où l'on tenait six chiens accouplés.

Les mares étaient autrefois assez nombreuses dans la forêt ; aujourd'hui on ne connaît plus guère que la *mare aux canes*, pièce d'eau profonde d'une assez grande étendue, à droite de la route qui conduit aux Loges.

On voyait autrefois aussi beaucoup de chênes auxquels étaient suspendus de nombreux *ex-voto* et des couronnes de fleurs. Aujourd'hui on ne connaît que le chêne de Sainte-Geneviève, sur la route des Loges, celui de Saint-Fiacre sur le chemin de Conflans, et celui de Sainte-Anne sur la route des Loges à

Poissy. Depuis quelque temps, des âmes pieuses ont élevé une sorte de sanctuaire que l'on a appelé *la Vierge des Anglais*, à l'entrée de la forêt, près la grille Dauphine. Cet endroit est plus particulièrement fréquenté les jours des fêtes de la Vierge.

Maintenant entrons en forêt par la grille Royale, après avoir donné un dernier coup d'œil sur le magnifique panorama qui se déroule à nos yeux. Nous prendrons la route qui est à notre droite, afin d'apercevoir en passant le château du Val, qui, dans l'origine, n'était qu'un simple pavillon servant de rendez-vous de chasse.

Henri IV et Louis XIV en firent une maison de plaisance avec une avenue et un parc d'une assez grande étendue, pris en partie sur la forêt. Une grille en fer ferme l'entrée de la cour d'honneur qui fait face au château. Ce domaine, qui a appartenu successivement au maréchal de Beauveau et à Mme la princesse de Poix, est actuellement la propriété de Mme Fould, qui en a considérablement augmenté l'étendue.

Nous quitterons le château du Val pour nous diriger, en suivant la route de la Muette, puis celle de Poissy à Maisons, vers Maisons-sur-Seine, dont il est important de visiter le château. Nous lisons sur les poteaux indica-

teurs les noms assez singuliers de tous les carrefours ou étoiles dont le nombre total est de
cent quarante, nomenclature dont nous ferons
grâce au lecteur.

MAISONS.

MAISONS-SUR-SEINE appartient à l'arrondissement de Versailles, canton de Saint-
Germain en Laye ; sa population est d'environ
1,800 habitants.

A peine entrés, nous voici devant un magnifique portique en pierre, qui annonce une
demeure seigneuriale ; entrons dans l'avenue
qui conduit au château et dont le milieu est
occupé par un splendide tapis de verdure avec
pièces d'eau.

Le château est au centre de la grande avenue ; c'est une œuvre de talent et de goût de
François Mansard. La façade du côté de la
cour est décorée de deux ordres d'architecture.
Le dorique règne dans tout le pourtour. Au-
dessous est l'ordre ionique antique, surmonté
d'un attique en pilastres corinthiens. Le comble est en forme de terrasse, bordé par un bal-
con en fer forgé, d'un très-bon effet.

Le bâtiment des écuries, situé dans l'avant-
cour, est d'une construction élégante, et l'oran-

gerie d'une architecture gracieuse. Les deux pavillons carrés qui sont aux deux extrémités de cette façade, formant avant-corps à la hauteur de l'entablement dorique, servent de terrasse. Le château est entouré de fossés à sec sur lesquels on a jeté, du côté opposé au parc, un élégant pont en fer, le premier, dit-on, qui ait été construit en France.

En novembre 1658, la terre et le château de Maisons furent érigés en marquisat. Le 10 avril 1771, le jour du décès de Philippe, duc d'Anjou, le roi et toute la cour vinrent habiter le château. Voltaire, dit-on, s'y plaisait beaucoup, et l'on prétend que c'est là qu'il devait lire, pour la première fois, sa tragédie de *Marianne*, quand tout à coup il fut frappé par la fièvre et par la manifestation de la petite vérole.

On suppose qu'étant rétabli, il a voulu, dans les vers suivants, décrire cette magnifique habitation :

> Simple en était la noble architecture,
> Chaque ornement à sa place arrêtée
> Y semblait mis par la nécessité.
> L'art s'y cachait sous l'air de la nature ;
> L'œil satisfait embrassait sa structure,
> Jamais surpris et toujours enchanté.

Le château de Maisons devint, en 1778, la propriété du comte d'Artois, et il fut vendu comme propriété nationale pendant la première révolution.

On remarque à Maisons, sur la Seine, un bâtiment assez pittoresque dans lequel on avait construit deux moulins en 1822 ; on y établit une machine à vapeur pour fournir l'eau nécessaire au château.

Le chemin de fer de Rouen passe à Maisons-sur-Seine, où il a une station. Le pont de cette ligne sur la Seine servit de communication, en 1870, pour l'armée allemande, entre Maisons, Sartrouville et Sannois, le grand pont ayant été détruit.

L'ancienne église menaçant ruine, M. l'abbé Placet, curé de cette paroisse, put recueillir un nombre de souscriptions suffisant pour faire ériger une nouvelle église dans le goût byzantin, qui sera d'un très-bel effet lorsqu'elle sera entièrement terminée.

N'ayant plus rien de remarquable à voir à Maisons, nous reprendrons nos pérégrinations en forêt, en traversant dans toute sa longueur le parc et la colonie, puis nous nous dirigerons sur Fromainville et le fort Saint-Sébastien ; le fort *Saint-Sébastien* était un ouvrage en terre, élevé pour l'instruction militaire du Grand-Dauphin ; un camp avait été établi aux environs ; les bastions et contreforts décrivaient un demi-cercle dont la rive gauche de la Seine

formait le diamètre; abandonné quelque
temps après son édification, les fossés se sont
remplis, les bastions se sont effondrés, le terrain à peu près nivelé a été rendu à la culture.

La chapelle de *Fromainville* est peu importante, nous visiterons ce qui en reste et nous
nous dirigerons vers *la Muette* en passant par
l'étoile du *Bastion;* puis, prenant à gauche,
nous arriverons à l'étoile des *Satyres,* et de là
en ligne directe au château de *la Muette.*

Le rendez-vous de chasse de la Muette était
anciennement un véritable château; bâti par
François Ier, il était entouré de fossés et élevé
de plusieurs étages; à ses angles étaient des
tourelles élégantes, dominées par une terrasse
sur laquelle était établi un jeu de paume couvert. En 1530, le roi y fit construire une
chapelle.

A gauche étaient les écuries et remises; le
chenil et les équipages de chasse étaient fort
éloignés, ils occupaient un bâtiment près le
Buisson-Richard, entre le village de Carrière
et celui du Mesnil.

Ce fut à la Muette que François Ier ressentit
les premières atteintes de la maladie dont il
mourut au château de Rambouillet.

Jusqu'au règne de Louis XIII, le château de
la Muette ne fut point réparé, il tombait tellement de vétusté, que plusieurs officiers des

chasses qui l'habitaient furent obligés de l'abandonner. Le roi le fit reconstruire en partie ainsi que la chapelle; cette maison de plaisance s'écroulait enfin, lorsque Louis XIV, voulant agrandir de ce côté le petit parc, la fit abattre en entier.

Ce n'est que plus tard, sous Louis XV, que l'on construisit sur cet emplacement le pavillon que nous voyons aujourd'hui. Cette maison ne présentant plus rien de remarquable, nous suivrons la belle route de la Muette à Saint-Germain, jusqu'à l'étoile du *Chêne-capitaine*. De là nous nous dirigerons vers la Faisanderie.

Henri II, dit-on, fit élever la Faisanderie sur l'emplacement d'un ancien hameau, appelé le hameau de Vignolles, dont il fit abattre les maisons et planter une partie du territoire.

Un vaste emplacement avait été réservé pour y élever des faisans, et l'on y semait du sarrasin; plus tard on l'entoura de murs et on y construisit les bâtiments actuels.

En 1830, comme en 1848 et en 1871, la Faisanderie perdit considérablement de ses pensionnaires, que recueillirent avec empressement des gens qui, jusque-là, n'avaient été pour rien dans leur éducation. A l'ouest de la Faisanderie nous voyons le prolongement de la route de *Garenne* jusqu'à l'étoile des *Palis-Ferrand*; en obliquant un peu vers la gauche, nous arriverons bientôt au pavillon de Noailles, après avoir traversé le carrefour *Dauphin*.

Le pavillon de Noailles n'a qu'un rez-de-chaussée servant de rendez-vous de chasse ; le carrefour qui est devant ce pavillon reçoit sept avenues, il est traversé par la route de Maisons à Poissy. Près de là passe celle de Pontoise, sur laquelle se trouvent la *croix de Saint-Simon*, le *Repos du tonnelier* et la *croix du Maine*, déjà cités.

C'est à peu de distance, vers la droite, sur le vieux chemin de Poissy, que l'on aperçoit le *Pas du roi*.

Du carrefour de Noailles nous nous dirigerons vers *les Loges* en traversant les étoiles du *Grand-Veneur*, nous longerons les murs de l'ancien couvent des Loges, devenu maison d'éducation pour les filles des chevaliers de la Légion d'honneur; puis nous nous trouverons bientôt sur la place où se tient la fête si connue des Loges, devant l'entrée principale des bâtiments.

Le couvent des Loges, si l'on s'en rapporte à certains historiens, aurait une origine fort ancienne, puisqu'ils prétendent que les premiers rois de la troisième race y avaient déjà un rendez-vous de chasse, appelé par eux *Domus nostra de Logiis*.

Des substructions fort anciennes, de belles

caves bien voûtées, découvertes au XVIIᵉ siècle, attestent l'existence de bâtiments fort importants. De plus, dans le voisinage de la maison des Loges, il existait une chapelle dédiée à saint Fiacre, à laquelle on se rendait en procession des villages environnants, le jour de la fête de ce saint (le 3o août). On peut voir là l'origine de la fête des Loges, puisqu'elle a lieu tous les ans à cette même date.

On raconte donc qu'un vieux serviteur de Henri IV, nommé René Puissant, désirant finir ses jours dans une dévote obscurité, sollicita et obtint du roi la permission de se loger comme il pourrait dans la portion des débris du vieux château qui subsistait encore. Cette permission lui ayant été accordée, il orna et entretint avec un soin tout religieux la petite chapelle de Saint-Fiacre, qui avait survécu à la destruction du château. On venait en pèlerinage visiter le pénitent et sa chapelle, et les offrandes abondaient dans l'escarcelle du bon religieux.

René Puissant étant fort âgé, plusieurs communautés lui firent des offres pour l'engager à leur céder son ermitage ; ces offres furent acceptées, et les Augustins déchaussés devinrent les propriétaires du lieu. Malgré l'obscurité dans laquelle ils faisaient profession de vivre, ils trouvèrent le moyen de se faire connaître de la cour. Louis XIII leur concéda de grands terrains, et sa femme la reine Anne d'Autriche voulut contribuer à la prospérité de leur maison en s'en déclarant fondatrice. Il devint de bon goût d'y aller faire une courte retraite pendant la Semaine Sainte, et les bons pères firent construire un pavillon à cet effet. Le secrétaire du cabinet, Talon, y résida quelque temps, et après lui, le duc de La Rochefoucault, l'auteur des *Maximes*, y vint faire tous les ans une retraite. Ce couvent continua d'être en faveur à la cour : Anne et Marie-Thérèse d'Autriche travaillèrent elles-mêmes à des ornements d'autel, et firent présent à la chapelle de l'argenterie qui servait à la pompe des cérémonies.

Le roi Jacques II et la reine son épouse se plaisaient à fréquenter cette religieuse solitude; ils répandirent souvent leurs bienfaits sur les moines qui l'habitaient.

Depuis sa fondation jusqu'en 1670, la maison des Loges fut gouvernée comme un hospice, par des supérieurs qui étaient rééligibles tous les deux ans.

En 1786, les religieux montèrent des métiers pour le tissage des étoffes de soie et la confection du velours, qui donnaient d'excellents produits au monastère, lorsque la révolution de 1789 vint disperser les moines et fit fermer le couvent.

En 1794, la maison des Loges, à cause de son éloignement de toute habitation, fut convertie en poudrière, et en 1796, ce qui restait des constructions et des terrains fut vendu aux enchères. En 1811, l'empereur Napoléon Ier, ayant institué des maisons d'éducation pour les orphelines de la Légion d'honneur, le gouvernement racheta pour cet objet tout ce qui avait autrefois formé l'ancien établissement des Loges, qui devint, avec Écouen, une des succursales de la maison Napoléon de Saint-Denis.

La maison des Loges est placée sous la surveillance de l'administration de la Légion d'honneur; elle est desservie par des religieuses de la Congrégation de la *Mère de Dieu;* le grand chancelier de la Légion d'honneur est à la tête de l'administration de la maison, dont le gouvernement intérieur est confié aux religieuses; celles-ci doivent lui rendre compte de l'état journalier du service; la *supérieure* est suppléée au besoin par une *assistante;* une économe est chargée des dépenses; les autres religieuses, en nombre suffisant, donnent chacune, selon ses attributions, les soins nécessaires aux élèves; un aumônier et un médecin sont attachés à l'établissement; le nombre des élèves est de deux cents à deux cent vingt; on les reçoit dès l'âge de sept ans jusqu'à douze;

elles sont instruites sur la lecture, l'écriture, la grammaire, l'arithmétique, la géographie, l'histoire sainte, l'histoire ancienne, l'histoire moderne, la musique et le dessin. Depuis peu de temps, on enseigne la tenue des livres et les principaux travaux à l'aiguille; à dix-huit ans accomplis, les élèves sortent de la maison pour rentrer dans leurs familles. Cette institution, il n'est besoin de le dire, ne laisse rien à désirer sous le rapport de la religion, des mœurs, de l'instruction et des soins physiques.

Avant de nous occuper de la fête si connue qui attire chaque année, dans les premiers jours de septembre, une si grande affluence de visiteurs, nous remarquerons la bonne disposition extérieure des bâtiments, et surtout l'élégance architecturale de la nouvelle chapelle. Ce sera tout, car, pour visiter cet établissement, il faut être muni d'une autorisation spéciale de M. le grand chancelier de la Légion d'honneur, et il n'en délivre que fort rarement.

Les Loges! les Loges!

Depuis la gare d'arrivée de Saint-Germain jusqu'à l'entrée de la forêt, par la grille de Pontoise, voilà le seul cri que l'on entend tous les ans, depuis le matin jusqu'après minuit, pendant les trois jours, dès le premier dimanche de septembre. C'est assourdissant!

Ces jours-là, Saint-Germain prend un air

d'animation extraordinaire; les omnibus et les voitures de toute espèce, au nombre de plus de deux cents, se croisent depuis la gare jusqu'à la grille de Pontoise, et rendent la circulation des piétons très-difficile, sinon dangereuse. On peut du reste éviter cet inconvénient en traversant le Parterre.

A la grille de sortie, les voyageurs sont assaillis par une foule de cochers dont les voitures sont rangées à la file, en attendant un chargement complet, ce qui n'est pas long. Mais faites bien attention de prendre un véhicule solide ; il n'est pas rare d'en voir verser quelques-uns en route !

Les omnibus de la poste sont, dans ce cas, préférables aux autres, car on est assuré du conducteur et de l'attelage, sans parler de la solidité des véhicules ; mais il faut les prendre à la gare même, sans cela on risque fort de n'y pas trouver place.

Nous voici arrivés sur l'emplacement de la fête qui se tient sur la pelouse, devant la maison de la Légion d'honneur ; c'est là que s'élèvent une multitude de tentes qui donnent à cette fête l'aspect d'un campement militaire.

Devant des feux allumés sur le revers d'un fossé, tournent le gigot, la pièce de veau et le poulet, que fera bientôt disparaître l'appétit des amateurs ; de tous côtés, des tables dressées

en plein air appellent les buveurs ; ceux qui ne
veulent que se rafraîchir trouvent des cafés assez confortables, et même le café-concert, dont
on aperçoit les chanteuses, je ne dis pas les can-
tatrices, et pour cause.

Voici le cirque Bouthors avec ses écuyères ;
plus loin le théâtre des singes savants ; mais
ce qui abonde surtout, ce sont les *Hercules* de
toute espèce ; arrêtons-nous un instant pour
écouter le *boniment* de ce bobêche : hélas ! encore une institution qui tend à disparaître, ce
ne sont plus les saillies et les bons mots d'autrefois ; Bobêche et Galimafré ne se reconnaî-
traient plus sous les oripeaux de ce pitre de
mauvais aloi, qui nous débite d'un air qu'il
veut rendre naïvement grotesque quelques
grossièretés de barrière.

Quittons ces lieux.

Ce n'est pas ici que nous trouverons une
scène digne du pinceau de Téniers. La bonne
gaieté gauloise a disparu pour faire place à des
farceurs de bas étage, venus tout exprès de
Paris pour lever un impôt sur la niaiserie publique. Ils offrent à notre admiration des choses
rares, curieuses, surprenantes, et ils vous disent : « C'est *épatant* de bon marché ! » mettez
vos mains dans vos poches et faites attention à
votre montre.

Les *bals champêtres* tiennent beaucoup de

place à la fête des Loges, mais vous n'y trouve-
rez plus « la grisette riche de sa fraîcheur, de
son insouciance et de ses dix-huit ans, » elle
est désormais remplacée par des demoiselles de
la *haute gomme*, qui étalent effrontément
aux yeux de tous leur luxe d'emprunt. Le premier jour de la fête, le bal appartient de droit
aux Parisiens et Parisiennes, qui ne s'en retournent que par le dernier train; mais les
jours suivants, ce sont les gens de la ville et
des environs qui y règnent en maîtres; les dan-
ses y sont moins échevelées, les jeunes filles
peuvent se livrer aux exercices chorégraphi-
ques, sous les yeux de leur famille; il y a
moins de cohue; bien des mariages se sont
ébauchés au bal de la fête des Loges!

Pendant les trois jours que dure la fête, on
se livre aux mêmes divertissements; quelque
temps qu'il fasse, les habitants de Saint-Germain se croient obligés d'y aller, et sauf les
magasins de comestibles, toutes les boutiques
de la ville sont fermées.

La fête des Loges a beaucoup perdu de son
importance; autrefois, dit-on, on y comptait :

10 bals à grand orchestre ;

20 spectacles et autres curiosités ;

10 jeux de bagues (chevaux de bois);

50 restaurateurs et autant de marchands de
vins ;

180 marchands de jouets d'enfants, de pain d'épice, bimbeloterie, etc., etc.

Les boissons que l'on consommait sur place s'élevaient à environ :

18,200 bouteilles de vin ;

1,800 bouteilles de bière ;

130 bouteilles d'eau-de-vie;

Sans compter, ajoute l'auteur auquel nous empruntons ces renseignements statistiques, environ 1,200 bouteilles de vin, eau-de-vie et liqueurs, apportées par les différentes sociétés qui venaient dîner en forêt.

Nous pourrions étendre davantage notre promenade dans la forêt, et visiter encore quelques étoiles aussi peu remarquables que celles que nous avons déjà vues; nous rentrerons donc en ville, en suivant la belle avenue qui se présente devant nous, et qui aboutit directement au château. Nous laisserons à droite, près de la vénerie, l'église protestante, de construction toute récente, puis nous rentrerons en ville par la grille de Pontoise.

L'aspect de la ville par cette entrée est celui d'un beau quartier de province; les habitations y sont assez luxueuses; voici l'hôtel Louis XIV, où les familles trouvent, à des prix raisonnables, tout le confort possible; plus loin, dans la rue d'Alsace, nous apercevons deux pavillons couronnés par des ornements allégoriques en pierre sculptée; ce sont les restes de l'hôtel de Noailles, dont les bâtiments avaient été construits par Mansard, et que l'on a divisés pour le percement de la rue de ce nouveau quartier. Au temps où cette habitation était dans toute sa splendeur, on remarquait dans les pièces du rez-de-chaussée des tableaux de plusieurs grands maîtres, et entre autres l'histoire de Tobie, par Perrocel d'Avignon; les jardins, dans le genre anglais, avaient été dessinés avec infiniment de goût, des masses d'arbres exotiques formaient des bosquets, au milieu desquels on apercevait de bruyantes cascades; des ruisseaux limpides serpentaient au milieu des prairies d'une grande étendue, et la vue n'était arrêtée que par les masses sombres des arbres de la forêt.

Le château de Noailles, vendu en 1789, comme bien national, fut acheté par un particulier qui le laissa tomber en dégradation.

En 1815, les étrangers en arrachèrent les lambris qu'ils brûlèrent, et dévastèrent le parc et les jardins. Depuis, l'hôtel et ses dépendances ont été vendus par lots; on y a construit de tous côtés de charmantes habitations, et on peut dire maintenant que c'est un des plus beaux quartiers.

Nous continuerons notre entrée dans la ville en suivant la rue de Pontoise : nous voyons à notre gauche l'hôtel de ville, bâtiment mesquin pour la destination à laquelle il est affecté, mais que l'on a cependant aménagé de façon qu'en outre des bureaux nécessaires au service municipal, de la salle du conseil, de la salle des mariages, etc., on a pu y loger, tant bien que mal, une bibliothèque assez considérable et un petit musée de tableaux, dont quelques-uns sont fort remarquables. Entrons un instant à ce musée, dont le conservateur, M. Eugène Bunout, artiste distingué, notre ami, nous montrera les merveilles, ce sont : d'abord, dans la salle d'entrée, un très-beau portrait de Louis XVIII, un meuble en chêne sculpté, très-ancien et bien conservé; de belles gravures, dont l'une, précieuse pour l'histoire locale, représente le baptême du Dauphin, depuis Louis XIV, dans la chapelle du Château neuf; deux vases grecs du plus haut style; deux autres vases en albâtre, donnés par M. Bunout; plusieurs bustes, dont l'un représente Claude de Ferrière, de Lemoyne, et de remarquables sculptures sur bois.

Dans la salle des Livres, on remarque des faïences italiennes, exécutées, dit-on, sur les dessins de Raphaël; le portrait du célèbre voleur Cartouche, modelé en cire, est placé au-dessus de la cheminée de cette salle. Dans une vitrine, on a rassemblé des médailles et des bronzes antiques et de la Renaissance, les clefs de la ville et du château, et quelques poteries provenant du musée Campana.

Parmi les livres rares, nous signalerons un livre d'heures, dont les miniatures sont attribuées à *Fra Ange de Fiesole*, célèbre moine et peintre italien du xive siècle; le manuscrit, sur vélin, des statuts de l'ordre de Saint-Michel, orné de deux splendides miniatures; le paroissien ou livre d'heures de Mme de Maintenon.

Un manuscrit de la main d'Antoine, ancien porte-arquebuse de Louis XIII, excellent à consulter pour l'histoire de la ville de Saint-Germain.

Un autre manuscrit concerne le couvent des Loges, sur la fondation duquel il donne d'intéressants détails.

Parmi les autres pièces remarquables, nous trouvons les armes de la ville, titre sur parchemin, signé par le roy Louis XVIII, ainsi qu'une riche collection d'autographes de Louis XII, Henri IV, de l'impératrice Joséphine, etc., etc.

La salle de lecture présente un aménagement fort commode pour les habitués, et l'on peut, tout à son aise, admirer les éditions rares qui, à elles seules, feraient la gloire et la réputation de bien des bibliothèques plus importantes.

4.

Après cela, nous pénétrerons dans la galerie des tableaux, nouvellement aménagée par suite du legs de M. Ducastel, ancien notaire, amateur de peinture très-distingué.

Parmi les toiles les plus remarquables, nous citerons un très-curieux Téniers, représentant tous les jeux de l'enfance; deux petits tableaux de Cartier (paysages); un très-ancien tableau de Kingérard, de Leyde; un paysage de Brell; de beaux dessins de Parrocel père; une sanguine de l'école de Watteau; *la Lecture*, de Raoux, copie du Louvre, mais plus grande que l'original; deux tableaux du Poussin: *Esther devant Assuérus* et *Aaron en présence de Pharaon*, peintures hors ligne; plusieurs sanguines très-remarquables. Au fond de la galerie, une belle *Descente de Croix*, de Lebrun, et deux Coypel : *le Triomphe de Galathée* et *le Jugement de Pâris;* un magnifique Poussin, *Nymphe et Satyre;* tout auprès, deux œuvres originales, attribuées à Van Kessel ou à Breughel, que l'on pourrait intituler : *l'Ouïe et le Goût.*

Plus loin, on admire un beau portrait par Denner, et sur la cheminée une *Madeleine*, du Padouan; *le Banquet des Dieux*, attribué à Breughel; puis les portraits de la famille Ducastel, de Chasserat père.

Dans un cadre spécial, on a réuni les des-

sins de différents maîtres, tels que le Guide,
Michel-Ange, Holbein, le Bourguignon, etc.
Ensuite, un *Saint Louis*, de Lemoine, donné
par l'État.

Après deux portraits au crayon du donateur, M. Ducastel, et de Mme Ducastel, nous
remarquerons un *Hermite*, de Gérard Dow;
une *Sainte Vierge* et un *Enfant Jésus*, de
Crayer; une femme et un enfant, peints par
Vélasquez, dans le costume du temps, et un
portrait de vieille dame noble, par Philippe
de Champaigne.

Plus loin, *Saint François d'Assise*, par Lemoine, don de l'État; plusieurs portraits; un
pastel de Lagrénée, et un curieux petit Frago-
nard, représentant un chevalier agenouillé devant sa dame, aux pieds de laquelle il dépose
son épée.

Arrêtons-nous un instant devant ces deux
peintures locales, qui représentent le vieux
château avant les travaux qu'y fit exécuter
François Ier; puis, l'ancien château neuf, dont
nous avons plus haut donné une succincte
description. Enfin, nous reprendrons l'examen
des peintures qui suivent et qui sont : une
belle étude du Dominiquin; un portrait de
S. M. Louis XVI; un portrait de Delille, par
Vien fils; deux jolis paysages, de Breughel;
un portrait du père du donateur, par Greuze

(sanguine), œuvre rare et précieuse ; une tête d'étude, de Vien : portrait de Rochon de Chabannes, pastel de Latour ; Mme Piron, par Bellier ; un intérieur, de Bilcocq, et une *Sérénade à Pompéi,* don de l'État.

Plus loin encore se trouve une peinture allégorique, charmant petit Breughel ; un portrait en miniature, de Mignard ; *la Vue du carrefour du Mail, en forêt,* par Gérard, et deux vues des environs : *le Château de la Chaussée, à Bougival,* et *le Château de la Malmaison,* par Turpin de Crissé. Une œuvre de maître, *la Fontaine du singe,* par Wouvermans ; un beau Lemoine, *Apollon vainqueur du serpent Python,* etc., etc.

Enfin, nous terminerons notre visite à ce musée si intéressant par l'examen du *Repas de village,* par Téniers ; *Arnaud et Armide,* par Lagrénée ; un beau Tintoret, malheureusement dégradé ; *la Défaite des Amazones,* par Bilcocq ; un Murillo, *le Rieur ; la Sainte Vierge et l'Enfant Jésus,* de Guido Reni ; *une Halte de cavaliers,* par Wouvermans, et une *Scène d'escamotage,* par Lucas de Leyde.

On voit, par ce qui précède, que les habitants de Saint-Germain, outre les beaux sites de leur forêt, et les magnifiques points de vue de leur terrasse, peuvent encore contempler les œuvres remarquables des grands maîtres.

Quant à ceux qui veulent s'adonner à la science et à l'étude, ils ont aussi une remarquable bibliothèque et un musée archéologique, peut-être unique en Europe.

En descendant l'escalier qui conduit dans la cour d'honneur, nous trouvons, scellées dans le mur, trois anciennes pierres tombales, provenant du prieuré d'Hennemont, dont nous nous entretiendrons plus loin.

Nous continuerons à suivre la rue de Pontoise, en laissant à gauche l'hôtel de la Chancellerie, où mourut, en 1672, Pierre Séguier, chancelier et garde des sceaux. Un peu plus loin, à droite, à l'encoignure de la petite rue aux Prêtres, nous voyons une maison ornée de deux colonnes supportant un entablement, c'est l'ancienne salle de spectacle aujourd'hui abandonnée.

Enfin, nous voici sur la place de la Paroisse : devant nous une tour carrée, surmontée d'un campanile, c'est le clocher de l'église paroissiale ; de construction moderne, puisque, commencée en 1824, elle a été livrée au culte en 1827.

HISTORIQUE DE LA PAROISSE DE SAINT-GERMAIN.

AVANT le règne du roi Robert, vers la fin du xe siècle, on ne connaissait, dans toute l'étendue de la forêt de *Lyda Silva*, qu'une seule église, qui était celle de Saint-Vandrille, sur le coteau d'*Aupec;* vers l'an 1000, le roi Robert en fit construire une sur le plateau, qu'il dédia à saint Germain et à saint Vincent[1]. Le moine Helgand, dans la vie du roi Robert, la qualifie de monastère, *monasterium.* L'église de Saint-Germain et de Saint-Vincent a été, dès son origine, dotée de différents biens et revenus, notamment de la terre de Filliancourt, *terra Filiolicurti.* Plusieurs rois de France se complurent à augmenter les biens de ce monastère, et environ cent ans après sa fondation, il s'éleva dans ce lieu un château qu'on appela tout simplement Saint-Germain. Un diplôme de Louis le Gros, daté de 1124, porte : *actum publicè apud sanctum Germanum,* etc.... Depuis cette époque, des disputes continuelles entre les abbés et évêques de Paris eurent lieu à l'occasion de la possession du prieuré de Saint-Germain.

1. Dulaure, d'après l'abbé Lebœuf, dit « à saint Germain et à saint Martin, évêque de Paris. »

Louis VI, par un acte de 1124, daté de Saint-Germain, confirma tous les dons faits par ses prédécesseurs, et y ajouta le droit de haute justice et les droits seigneuriaux.

. . . . . « *Premièrement tout le village qui joint ladite église, libre et quitte, avec le droit de sang et de larron, et tous les forfaits commis en l'enceinte dudit village, et toute la dîme du vin, des grains et de l'avoine, qui appartiennent au grenier et au cellier de Poissy et de Triel et de Charlevanne, le moulin de Filliancourt, la terre Godine*[1]*, du bois de chauffage dans la forêt de Laye, du bois pour réparer et bâtir, etc., etc.* »

L'église de Saint-Germain avait été donnée à l'abbaye de Coulombs, de l'ordre de Saint-Benoît, au diocèse de Chartres ; auparavant, elle était possédée et gouvernée par les évêques de Paris, ce qui occasionna, en 1163, une grande contestation entre Maurice de Sully, évêque de Paris, et Roger, abbé de Coulombs ou Colombs, *Columba* ; chacun prétendait être maître absolu du monastère, de la paroisse et des gens de Saint-Germain ; on prit pour arbitre de ce différend Osmond, chanoine de Paris, et Milon, archiprêtre de Milan, lesquels

---

1. La terre Godine ou Gaudine avait été choisie pour y établir les fourches patibulaires, on l'appelait et on l'appelle encore *la Justice*.

prononcèrent par sentence arbitrale que Paris fournirait le *saint chrême* et les *saintes huiles;* que, si l'église ou quelques autels avaient besoin d'une nouvelle consécration, ce serait l'évêque de Paris qui la ferait; que ceux de la paroisse qui voudraient être clercs, recevraient la *tonsure* du même évêque; que l'abbé de Coulombs et ses successeurs recevraient « la charge d'âmes » du même évêque; que cependant l'abbé Roger pourrait charger de la desserte de cette cure l'un des curés voisins compris dans le diocèse de Paris, tels que ceux d'Aupec et de Mareil, ou tout autre prêtre qu'il jugerait à propos; que, pour marque de soumission et de respect, l'abbé de Coulombs donnerait un *beȝants* à chaque évêque de Paris, l'année de son élévation à l'épiscopat; que ledit abbé ne serait tenu ni au droit de *synode,* ni au droit de visite, ni à aucuns autres envers l'évêque, l'église, le doyen ou l'archidiacre, etc.; ce qui n'empêcha pas les évêques de Chartres de faire de fréquentes visites à Saint-Germain, d'y recevoir des plaintes et d'y donner la tonsure et l'ordination.

Un prieur de Saint-Germain en Laye, vers le milieu du xve siècle, fixa l'attention des historiens : on lit dans Dulaure : « Les Chroniques de Saint-Denis, Monstrelet et Gaguin, racontent que ce prieur, nommé Guillaume

Édeline ou Hedelin, lequel auparavant avait été augustin et était *docteur en théologie*, fut arrêté à Évreux, en 1453, pour « crime de magie; » on l'accusait d'avoir fait pacte avec le diable; reconnu coupable, il fut condamné à la prison perpétuelle et au pain et à l'eau.

En 1670, les querelles des abbés de Coulombs et des évêques de Paris prirent fin, par un arrêt du conseil d'État, qui maintint l'archevêque de Paris dans la possession de tous les droits de diocésain sur les prieuré, paroisse et territoire de Saint-Germain en Laye.

En 1676, l'église de Saint-Germain fut enrichie d'un portail et agrandie. Mais le 12 septembre 1681, une grande partie du chœur et de la nef s'écroula pendant l'office, heureusement sans blesser personne. Le roi Louis XIV ordonna, sur le rapport de Colbert, la reconstruction générale de l'édifice, et la direction des travaux fut confiée à Mansard.

La première pierre fut posée, au nom du roi, par le duc de Noailles, dans le courant de 1682; on plaça dans les fondations trois médailles, dont deux en argent, aux effigies du roi Louis XIV et de la reine sa femme; la troisième, en plomb, portait les noms et qualités du duc de Noailles; sur le revers de ces médailles, une inscription pareille à celle qui devait être mise sur la porte de l'église, était

5

conçue en ces termes : *Cette église a été réta-
blie du règne et des bienfaits du roi Louis XIV
dit le Grand, en* 1682.

Les travaux furent poussés avec une telle
activité qu'ils furent achevés en un an ; le
10 avril 1683, la veille du dimanche des Ra-
meaux, l'archevêque de Paris vint en faire la
bénédiction solennelle en présence du duc de
Noailles, chargé de représenter le roi à cette
cérémonie.

Les habitants de Saint-Germain, en reconnaissance de cet acte de la munificence royale,
célébrèrent tous les ans l'anniversaire du roi
par un *Te Deum* et par des feux de joie allumés devant le portail principal.

Le roi d'Angleterre, Jacques II, et la reine
son épouse, ne manquèrent jamais, pendant la
durée de leur séjour à Saint-Germain, d'allumer
eux-mêmes le feu de joie préparé sur la place.

Le prieuré et la cure furent réunis de fait,
dès l'année 1683, mais la confirmation n'en
fut prononcée par lettres patentes que le
14 mai 1698; Louis XIV racheta le droit de
justice, ainsi que les autres droits seigneuriaux que ses prédécesseurs avaient donnés au
prieuré, et, en 1708, l'abbaye de Coulombs lui
céda le droit de nomination du prieur-curé en
échange d'autres droits.

L'église de Saint-Germain étant devenue

insuffisante pour le nombre des « fidèles, » Louis XV ordonna d'en bâtir une nouvelle sur un plan plus vaste; et, pour assurer l'exécution de ses ordres, il assigna des sommes annuelles à prendre sur divers revenus, mais les travaux n'ayant pas été commencés sur-le-champ, les sommes assignées s'étaient accumulées et avaient formé un capital qu'en 1764 on décida d'appliquer à sa destination. Les choses traînèrent encore en longueur; enfin, la première pierre fut posée le 20 novembre 1766; depuis cette époque jusqu'en 1816, l'office continua d'être célébré dans une portion de l'ancienne église restée debout.

Les constructions nouvelles arrêtées pendant les événements politiques furent abandonnées, et quand on jugea à propos de les reprendre, deux architectes, MM. Moutier et Malpièce, proposèrent d'autres plans tout à fait différents qui furent adoptés, et les travaux furent adjugés moyennant 431,000 francs.

La nouvelle église fut enfin consacrée le 2 décembre 1827; en 1841, eut lieu un procès qui se termina par la condamnation de MM. Malpièce et Moutier, architectes, à réparer l'église qu'ils avaient construite; le projet de restauration, dressé par M. Lecomte, architecte, commis par le tribunal, évaluait la dépense à 160,000 francs.

MM. Moutier et Malpièce ayant plus tard gagné leur procès dans une nouvelle instance, le 12 juillet 1848, le conseil municipal vota l'ouverture d'un crédit de 100,000 francs pour les travaux de consolidation et de restauration de l'église.

L'ensemble de la façade de cette église rappelle très-imparfaitement le portail de la Madeleine de Paris; quant à l'intérieur, il se rapproche beaucoup de Notre-Dame de Lorette; ce monument a été l'objet de beaucoup de critiques, et l'on a prétendu, non sans raison, qu'avec les sommes qu'il a coûté on aurait pu avoir beaucoup mieux.

La façade principale est précédée, dans toute son étendue, d'un vaste perron en pierre, sur lequel s'élève, devant la largeur de la nef seulement, un portique d'ordre dorique, composé de sept entre-colonnements, dont deux sur chaque retour et trois sur le devant. Il est lié au monument au moyen de pilastres du même ordre; le plafond de ce péristyle est en plates-bandes, formant des caissons enfoncés ornés de moulures; l'entablement est couronné d'un fronton, dans lequel est sculpté un relief, représentant « la religion protectrice. »

La Religion, sous les traits d'une femme, est assise sur un trône; à sa droite sont les quatre évangélistes, formant groupe avec les animaux que l'Apocalypse leur donne comme attributs ; de l'autre côté sont les trois vertus théologales.

Cette composition est du sculpteur Ramey fils ; elle est d'un très-bon effet et a beaucoup de dignité, bien que l'attitude un peu forcée des personnages lui retire du grandiose d'exécution rêvé par l'artiste, mais il faut aussi tenir compte de l'exiguïté du cadre.

Sous le milieu de ce péristyle, se trouve la porte principale et deux portes pour les bas côtés, dont l'effet n'est pas très-heureux.

A l'intérieur, le chœur et la nef sont soutenus par vingt colonnes d'ordre ionique, au-dessus desquelles s'élève un entablement dans lequel on a réservé de grands cadres pour recevoir des peintures à fresque ; ces compositions, d'Amaury Duval, sont irréprochables sous le rapport du dessin et de la composition ; quant au coloris, on lui reproche de manquer de vigueur.

Le plafond, entièrement plan, est décoré de caissons en bois et de rosaces dorées ; cette disposition exigeait une plus grande hauteur, elle ne convient, du reste, que médiocrement aux édifices religieux.

L'orgue, restauré par la maison Cavaillé-Coll, est un excellent instrument ; mais le buffet, par son architecture, ne paraît pas en rapport avec le reste de l'édifice.

Le chœur est surmonté d'une coupole sur les murs de laquelle on a peint à fresque le Père Éternel; une trop grande recherche de l'effet nuit à l'ensemble de la composition; au milieu des saints qui sont représentés, à droite on aperçoit encore une petite cavité béante; c'est la trace d'un des obus lancés par l'armée allemande en septembre 1870.

Les tableaux qui ornent l'église n'ont rien de remarquable, sauf un, celui qui représente saint Charles Borromée, cherchant à désarmer la colère céleste par des processions générales pendant la peste de Milan.

Les chapelles latérales que l'on a établies dans des espèces de niches réservées, sont d'un aspect mesquin; cependant plusieurs sont parfaitement ornées. La première de ces chapelles, à droite en entrant par la porte principale, contient, dit-on, les restes du roi d'Angleterre, Jacques II; elle est, de la part des Anglais qui viennent visiter la ville, l'objet de pieux pèlerinages.

La chaire, en bois doré et sculpté, est supportée par un lion également en bois sculpté et doré; elle est fort belle et on la doit, dit-on, au maréchal Jules de Noailles, alors gouverneur de la ville, qui l'obtint de Louis XIV en 1681; les uns disent qu'elle vient de la chapelle des Tuileries, d'autres, que ne pouvant plus figurer dans la nouvelle chapelle du château de Versailles, elle fut gracieusement donnée par le roi à l'église de Saint-Germain.

La cure de Saint-Germain est de première classe et du diocèse de Versailles.

Nous sortirons de l'église par la porte placée derrière l'autel et qui s'ouvre sur le perron dominé par le clocher.

De là, nous suivrons la rue Neuve-de-l'Église, en laissant à notre gauche les bâtiments de l'ancienne geôle, dans lesquels on a établi le tribunal de justice de paix, et où il n'existe qu'une salle de sûreté et de dépôt pour les détenus de passage. Tout à côté, et y attenant, se trouve la salle des Arts, autrefois la chapelle de la congrégation des hommes.

En 1731, l'église paroissiale étant devenue trop petite, l'abbé Conygam, curé de la paroisse, permit à un certain nombre d'habitants de se réunir en une congrégation pour vaquer ensemble aux exercices et pratiques de la religion. Ils firent d'abord célébrer les offices dans une maison particulière, puis, en 1755, ils demandèrent au gouverneur de la ville la permission d'élever à leurs frais une chapelle sur une portion du terrain avoisinant la geôle, en y pratiquant deux tribunes pour les prisonniers. Cette permission leur ayant été accordée, la chapelle de la congrégation des hommes fut

construite sans retard, et on l'inaugura en
1756; elle fut dotée et en partie décorée par les
bienfaits de la dauphine, mère de Louis XV, et
par Mmes Sophie, Victoire et Louise, tantes du
roi. Plus tard, on prit une chambre des bâtiments de la geôle pour en faire une sacristie;
— la prison, la justice de paix et la salle des
Arts ont été construites sur l'emplacement de
l'ancien hôtel de la Vrillière.

A la révolution de 1789, la chapelle de la
congrégation des hommes servit de lieu de
séance à une société populaire; plus tard, on
en fit un dépôt de farine; enfin, après la révolution de juillet, elle fut décorée à nouveau par
l'administration municipale pour les réunions
artistiques et littéraires. Elle sert actuellement
de salle de concert et de distributions de prix.

A deux pas de cette salle, dans la rue Saint-
Thomas, qui fait suite à la rue Neuve-de-
l'Église, on aperçoit un fronton supporté par
quatre colonnes, c'est encore une chapelle,
mais pour y pénétrer, il faut prendre la rue
« des Louviers ».

On se trouve alors devant l'Institution des
dames hospitalières de Saint-Thomas de Villeneuve; cette association religieuse remonte à
1660, elle fut fondée en Bretagne, par le père
Ange Le Proust, augustin réformé; les dames
de cette congrégation s'établirent à Paris en

1700, et à Saint-Germain vers la même époque; mais elles n'obtinrent qu'en 1726 les lettres patentes qui autorisèrent leurs maisons.

Le but de leur installation à Saint-Germain fut de prendre soin de l'éducation des pauvres demoiselles anglaises, irlandaises et écossaises, dont les familles avaient émigré à la suite de Jacques II, et qui se trouvaient presque délaissées depuis la mort de ce prince.

A la révolution de 1789, les bâtiments de ce monastère furent mis en vente comme domaine national; l'administration du district et la municipalité de Saint-Germain en achetèrent une partie, pour y établir leurs bureaux, et une portion du jardin fut vendue à un particulier. Quant à la chapelle, elle servit, en l'an VII, (1797), de temple à la secte des « *Théophilanthropes* » qui, on le sait, cherchait à donner au « déisme » des formes liturgiques.

Après le concordat, la maison des dames Saint-Thomas de Villeneuve fut rendue à sa première destination.

L'église et la portion des bâtiments vendue à des particuliers, qui était rentrée dans le domaine national faute de payement, furent restituées aux dames de Saint-Thomas; quant à la partie appartenant aux administrations locales, elle fut également mise à leur disposition, mais à la condition d'ouvrir des écoles gratuites et de tenir un orphelinat qui, auparavant, était à la charge de l'hospice.

Depuis, les dames de Saint-Thomas ont ajouté à leur établissement un pensionnat, où les jeunes filles acquièrent une bonne et solide instruction.

Pénétrons dans la chapelle dont nous avons aperçu les colonnes dans la rue Saint-Thomas. Au sommet d'une coupole élégante, l'architecte a ménagé une tribune circulaire; cette coupole, aussi grande que la nef, repose sur une corniche en architrave qui fait le tour de sa base, et se rattache aux colonnes séparant la nef des deux bas côtés. Deux autels placés symétriquement sont consacrés l'un à la sainte Vierge, l'autre au Sacré-Cœur, l'un des côtés est réservé aux dames et aux pensionnaires, et l'autre au public qui y pénètre par une porte basse donnant sur la rue Saint-Thomas, dont l'aspect rappelle beaucoup la province. Cette rue contient à droite plusieurs maisons construites sur l'emplacement de différents hôtels du temps de Louis XIV; à gauche, une grille, surmontée d'une croix, indique la cour de l'hospice que nous visiterons en détail, lorsque nous parcourrons la rue de Poissy, où se trouve l'entrée principale.

Nous voici sur la place Saint-Pierre, ornée

d'un quinconce de tilleuls; de là, on aperçoit une longue avenue, dont l'horizon est bornée par les collines de Chanteloup; c'est la route de Poissy, qui est en même temps l'ancienne route de Normandie; nous la laisserons à droite, et nous suivrons la rue d'Hennemont, anciennement appelée *rue du Cours des fontaines*, puis vulgairement *rue des Morts*, parce qu'elle aboutit au nouveau cimetière.

Arrêtons-nous un instant dans ce lieu, non pour le visiter, car ce cimetière ressemble à tous les asiles de la mort; et d'ailleurs, ce ne peut être un sujet ordinaire de promenade; mais il contient, près de la porte d'entrée, un monument d'antiquité que l'on est surpris de rencontrer là; c'est un autel antique en marbre blanc, sculpté sur ses faces de guirlandes, de fleurs et de fruits, soutenues par quatre têtes de béliers; au-devant était une inscription votive qu'un antiquaire eût été bien aise de retrouver et de traduire, mais qui a été impitoyablement effacée pour faire place aux noms et prénoms de celui qui repose actuellement au-dessous de ce monument. Sous cette inscription, se trouvait un groupe de figures dont on distingue encore quelques traces; sur le côté gauche on voit une coupe, et sur l'autre une patère; ce monument est évidemment d'origine grecque, et l'artiste qui en a sculpté les orne-

ments, il y a quelques milliers d'années, ne
se doutait certes pas qu'il travaillait pour un
bon bourgeois de Saint-Germain en Laye.
La place de cette antiquité serait dans un de
nos musées, mais il ne faut pas espérer obte-
nir de sitôt ce résultat ; la femme du défunt
ayant par testament fait au bureau de bienfaisance un legs, à la charge par ce dernier établissement de respecter la sépulture de son
mari et la sienne, et d'entretenir le monument
à perpétuité.

Nous sortirons du cimetière pour nous engager dans la rue de Pologne, laissant à notre
droite la route nationale de Mantes, dite route
de quarante sous ; un peu plus loin, en reve-
nant vers la ville, on remarque la maison dite
de la Providence, où l'on construit en ce
moment le nouvel hôpital. Cette construction
coûtera près de deux millions ; les fonds en
ont été faits par une souscription publique.
Parmi les dons principaux, on remarque
un legs de feu M. le marquis d'Ourches, de
quatre cent mille francs, et un autre legs de
huit cent mille francs, de M. Schnapper. En
souvenir de cette générosité, la ville de Saint-
Germain a donné à deux de ses rues les noms
de ces bienfaiteurs.

Nous passons ensuite devant un établissement industriel d'une grande importance, la

scierie mécanique de la maison Masson et Cie; prenant à gauche, la nouvelle rue de Breuvery, dont le nom nous rappelle l'ancien maire, membre du conseil général, qui remplit pendant trente années ses fonctions municipales, nous nous trouvons de nouveau dans la rue de Poissy, à peu de distance de l'hôpital-hospice actuel que nous allons visiter.

L'entrée de l'hospice n'offre rien de remarquable; elle donne sur une première cour fort petite et entourée de bâtiments; vis-à-vis, est un perron conduisant à un vestibule qui communique à gauche à la salle Sainte-Thérèse, spécialement destinée aux femmes. L'ancienne chapelle de l'hospice, que l'on appelle vulgairement *la Charité*, occupait une partie de l'emplacement sur lequel est située cette salle; l'autel est encore placé au point où elle se retourne d'équerre, et va aboutir par un perron dans le jardin, vis-à-vis de la rue Saint-Thomas.

A droite du vestibule, est une pièce où sont reçus les hommes; elle porte le nom de salle *Saint-Louis*; au point où comme la précédente elle fait angle, se trouve la chapelle neuve que nous visiterons, et qui n'en est séparée que par une grille en fer; de la cour d'entrée, on arrive à la salle de chirurgie et à la buanderie.

Au delà, et passant par un corridor souterrain, on est conduit à un bâtiment dont le rez-de-chaussée forme *la salle Saint-Vincent*, occupée par les vieillards ; le premier étage est réservé aux femmes, qui habitent la salle dite *Sainte-Marie*.

En général, les salles de cet hospice sont trop basses, trop étroites et l'air ne peut y être renouvelé que très-difficilement ; les cours et jardins n'offrent aux vieillards et aux convalescents que des promenades trop circonscrites et insuffisantes à l'entretien de la santé.

L'hospice de Saint-Germain est sous la surveillance d'une commission administrative, dont le maire de la ville est le président. Nous sommes heureux d'annoncer qu'au moment où nous écrivons, les travaux du grand hospice sont en bonne voie d'achèvement, sous la savante direction de M. Normand, architecte.

Nous ne nous étendrons pas davantage sur la description de l'ancien hospice, qui doit bientôt disparaître pour faire place à des écoles municipales spacieuses et aérées de garçons et de filles, ce qui nous manque encore à Saint-Germain en ce moment.

Nous remonterons vers l'intérieur de la ville, en passant sur le carreau des halles, où se tiennent, les dimanche, mardi et vendredi de chaque semaine, des marchés bien approvisionnés.

Cette place est le point de division des rues de Poissy et de Pologne ; elle se nomme place du Marché-Neuf ; et fut établie en 1776, après qu'on eut transféré le cimetière qui était voisin dans l'emplacement où il se trouve actuellement et qui va bientôt disparaître à son tour et reporté plus loin.

La place du Marché-Neuf suffit à peine aux étalages des marchands, qui sont obligés de s'étendre sur la place de la Halle aux grains, ainsi que dans une partie des rues de Pologne et de Poissy.

Le sol de la place est plus élevé que celui de la rue de Poissy, bien qu'il soit de niveau avec la rue de Pologne. On remarque à son extrémité une maison parallèle à la Halle aux grains au bas de laquelle on a cru devoir établir un passage fort étroit en forme de portique d'assez mauvais goût.

Du côté opposé et en face, se trouvent deux constructions massives, dont l'une sert actuellement de réservoir et l'autre de Halle couverte ; ces bâtiments sont insuffisants pour les usages auxquels ils ont été destinés dans le principe.

Nous voici devant la Halle aux grains, vaste bâtiment couvert, qui a été élevé aux frais de l'hospice en 1755, et dont les revenus étaient alors attribués à cet établissement.

Les marchés s'y tenaient anciennement, les lundi et jeudi de chaque semaine, puis le lundi seulement ; c'était le rendez-vous de tous les fermiers du Vexin, et des environs à plus de dix lieues à la ronde, mais dans ces derniers temps, le mode de vente des grains a subitement changé ; au lieu d'apporter à la Halle leurs sacs de blé, d'avoine ou d'orge, les fermiers ont trouvé beaucoup plus simple de n'apporter sur eux que de petits échantillons de grains au café voisin, de sorte que la Halle, dont le revenu dépassait près de cinq mille francs, ne rapporte maintenant presque plus rien à la ville, malgré les efforts des municipalités qui se sont succédé pour y rappeler quelque activité commerciale.

En sortant de la Halle, nous continuerons notre promenade en nous dirigeant vers cette partie de la ville appelée les fonds, et qui, par l'établissement du chemin de fer de grande ceinture, va être sans doute appelée dans un avenir très-prochain à voir s'élever dans ses environs tout un nouveau quartier.

Nous prendrons à notre droite la rue de la Grande-Fontaine, qui doit son nom aux fontaines ou sources qui abondent dans la partie des fonds de Saint-Léger où elle nous conduit.

En passant par la place de Mantes, nous remarquerons le bâtiment qui nous fait face et qui est une ancienne tannerie convertie en couvent des Augustines.

A notre droite encore, est un immense chantier de pierres de taille ; c'est le nouvel hôpital, construction grandiose dont nous avons déjà parlé ; deux ailes sont déjà sorties de terre et permettent de juger de l'importance de cet édifice. Mais continuons notre chemin en suivant la rue de Mantes prolongée ; sur notre gauche, encore un couvent, cette fois ce sont des carmélites, dont la seule occupation, dit-on, est de prier pour les pauvres pécheurs, ce qui ne doit pas être une sinécure. On se demande par le temps d'incrédulité qui court où et comment ces communautés peuvent trouver des ressources suffisantes pour élever de semblables constructions.

Voici le chemin de fer de grande ceinture qui va amener la vie dans ce désert. A droite, dans la forêt, sera la gare, et à gauche le viaduc gigantesque, construction digne des Romains, car les piles de ce viaduc n'ont pas moins de vingt-six mètres de fondation. A ce sujet, on nous permettra une petite dissertation géologique sur le sol où coule actuellement le petit cours d'eau appelé le ru du Buzot, sous le viaduc même.

Les fonds Saint-Léger forment une sorte d'entonnoir, borné à l'ouest par la forêt de

Marly, au nord par la colline d'Hennemont-Saint-Germain, et au sud et à l'est par les rampes de Fourqueux-Mareil.

Grâce aux renseignements que nous devons à l'obligeance de M. l'ingénieur Régnier, chef de section du chemin de fer de grande ceinture, nous pouvons consigner ici l'épaisseur et la composition de l'écorce terrestre de cet emplacement jusqu'à 26^m27 de profondeur, où l'on rencontre alors la craie solide sur laquelle reposent les fondations des piles du viaduc du chemin de fer.

Couche de terre végétale.	0^m40
Terre humide argileuse très-compacte........	2^m60
Silex roulés formant avec l'argile une masse compacte............................	1^m20
Eau..	0^m10
Glaise grise avec poches de sable rougeâtre et argileux, renfermant une grande quantité de coquillages.	2^m70
Sable noir bleuâtre argileux, argile noire plastique, légèrement sablonneuse, renfermant des fragments de lignites, des pyrites et des coquilles marines (*Corbula* et *Turritella*)....	6^m52
Argile plastique, pure, bariolée jaune et verte.	9^m62
Craie à....................................	26^m27

C'est sur ce dernier terrain que reposent les fondations du viaduc qui doit recevoir la voie du chemin de fer de grande ceinture;

La construction des fondations de ce viaduc a été une œuvre vraiment remarquable ; pour chacune des piles, il a fallu établir un caisson en tôle de la largeur et de la longueur du massif, sur lequel on a construit un plancher en fer d'une solidité à toute épreuve. Sous ce plancher, existe un espace vide de deux mètres, sous lequel les terrassiers creusent le sol ; les parois du caisson, formant couteau, s'enfoncent au fur et à mesure que la terre est dégagée et enlevée par des bennes.

Deux cheminées d'aération servent également à l'introduction des ouvriers et à leur sortie. Pendant que les terrassiers fouillent le sol sous le plancher du caisson, les maçons le remplissent de moellons cimentés entre eux par un mortier de chaux et de sable.

Une machine à vapeur est constamment en correspondance du dehors au dedans de la fosse, afin d'y envoyer de l'air comprimé pour refouler les infiltrations d'eau, et permettre aux ouvriers d'y travailler sans interruption aussi bien le jour que la nuit.

De l'endroit où nous sommes, nous jouissons d'une vue magnifique sur les coteaux de Fourqueux, Mareil, Marly, dont nous apercevons l'aqueduc construit par Louis XIV, pour amener les eaux de la Seine jusqu'à Versailles.

A notre droite, sont les hauteurs d'Hennemont, couronnées par une charmante habitation bourgeoise. Elle a remplacé l'ancien
prieuré d'Hennemont, détruit lors de la première révolution, et dont les bâtiments et les
dépendances, sans avoir été entièrement dé-
molis alors, ont cependant souvent changé de
propriétaires, et les curiosités artistiques et
archéologiques qu'ils contenaient ont été dis-
séminées de tous côtés. Quelques pierres tu-
mulaires, cependant, ont été préservées de
destruction, et ont été gracieusement offertes
au musée de la ville par le dernier propriétaire.
On les voit dans le vestibule qui conduit au
musée ; ce sont : celle de Robert de Meudon,
mort en 1325, et enterré au prieuré d'Hennemont, ainsi que son parent Robert de Meudon,
capitaine-concierge du chasteau de Saint-Germain, mort en 1320.

La plus intéressante, et la seule conservée
intacte ou à peu près, est d'une grande dimen-
sion ; elle présente les effigies en pied de trois
personnes, dont un chevalier armé de toutes
pièces ; l'épée et la dague sont ornées d'une
croix à la poignée, l'écu est garni de croix et de
coquilles, ce qui indiquerait un pèlerinage en
Terre-Sainte ; une levrette est couchée à ses
pieds.

De chaque côté de ce personnage, est l'effigie

de sa femme et de sa fille, ayant également un petit chien à leurs pieds.

L'inscription, en lettres gothiques, encadre le pourtour de la pierre, et on peut y déchiffrer ce qui suit : *Ci-gist Guitte-Tirel, sergent d'armes du roy nostre S.* (ici une lacune, l'inscription de la mère sans doute), puis : *Ci-gist Jehane Guitte-Tirel, fille de Jeanne Richarde ..... qui trépassa l'an M CCC LVIII, le mercredi avant la feste de Sainct-Matthieu apostre et évangéliste.* La tête seule du guerrier incrustée de marbre, ainsi que les mains, est assez bien conservée; celles des dames ont été enlevées. Cette pierre, ainsi que plusieurs autres, sont couvertes de riches dessins qui paraissent avoir été peints et dorés. Les ossements que contenaient ces différentes tombes ont été transportés au cimetière de Saint-Germain, et lors de l'ouverture des cercueils, on a encore retrouvé quelques lambeaux de vêtements en laine, plusieurs vases en terre cuite contenant des restes de charbon. Les squelettes des lévriers indiqués sur la pierre sépulcrale ont aussi été retrouvés couchés aux pieds des squelettes humains.

Hennemont, le val Saint-Léger et Feuillancourt ou Fillancourt, que nous voyons à nos pieds sont des localités fort anciennes. La chapelle de Saint-Léger portait dès l'an 750 le titre de paroisse; Fillancourt (en latin *Filia-cum curtis*), avait, au VIIe siècle, une église à laquelle saint Érambert, évêque de Toulouse, aurait légué en mourant son bâton pastoral.

Hennemont, qu'une étymologie un peu hasardée ferait venir *d'Ennæmons* (mont de Cérès), est situé à une altitude de près de cent mètres; il domine les crêtes de la forêt de Marly, les villages de Fourqueux, Mareil-sous-Marly, Marly et les hauteurs de Louveciennes et de Bougival.

De l'endroit où nous nous trouvons, c'est-à-dire près du viaduc du val Saint-Léger, nous avons exactement la même vue, nous allons donc essayer de décrire, l'une après l'autre, les localités que nous avons sous les yeux, nous commencerons par le joli village de Fourqueux.

FOURQUEUX.

Fourqueux (*Fulcona*), près de la forêt de Marly, était autrefois une terre seigneuriale, avec haute, moyenne et basse justice. Il est fait mention d'un Barthélemy de Fourqueux (de Fulcoïo), dans un diplôme de Louis le Gros, en 1124; le village ne forme qu'une seule rue assez longue; cette commune possédait anciennement un château remarquable, dont le parc d'une étendue considérable était contigu à la forêt de Marly. Le château a été démoli, mais quelques parties des murs du parc existent encore. L'église de Fourqueux est sous l'invocation de la Sainte-Croix. La fête communale a lieu dans les premiers jours du mois de mai. On prétend que les poètes Lebrun et André Chénier ont habité ce joli village, et y ont composé une grande partie de leurs œuvres. Le chemin de fer de grande ceinture doit passer très près de la commune de Fourqueux, mais la station sera placée à Mareil.

MAREIL.

MAREIL-SOUS-MARLY, dont nous apercevons l'élégant clocher sur notre gauche, est aussi un village fort ancien, qui ne remonterait pas, cependant, ont dit certains auteurs, au delà du XIe siècle ; mais si l'on s'en rapportait à sa charmante église romane et à des chartes où il est désigné *Mariolum*, on pourrait à la rigueur le faire remonter au VIIIe siècle, ce qui serait encore assez respectable. Dans une tranchée pratiquée non loin du village, au lieu dit *le Champ des Violettes*, on vient de découvrir des substructions, et de nombreux vestiges que l'on peut avec certitude attribuer à l'époque de la domination romaine.

Mieux encore, si nous suivons la déclivité du monticule sur lequel est situé ce village, nous trouvons, à quelques centaines de mètres, les traces, non encore comblées à l'heure où nous écrivons, d'une sépulture celto-gauloise, qui contenait plus de cent squelettes !

Nous ne pouvons résister au désir d'entretenir nos lecteurs de quelques recherches archéologiques que nous avons faites tant à Mareil qu'aux environs, et du rapport que nous avons adressé sur cet objet à la commission des travaux historiques et de la carte de la Gaule, dont nous sommes un des correspondants.

« Saint-Germain, janvier 1879.

Découverte de vestiges de la domination romaine à Mareil-Marly, dans la tranchée du chemin de fer de grande ceinture, au lieu dit le Champ des Violettes.

« Les travaux de terrassement qui viennent d'être entrepris pour le passage de la ligne du chemin de fer de grande ceinture, entre Saint-

Germain et Versailles, à mi-côte de la colline sur laquelle est construit le village de Mareil, viennent de mettre à découvert des substructions assez importantes, reliées entre elles par des murs en pierre meulière, jointes au ciment de chaux et de sable. Notre attention avait déjà été appelée sur cet endroit, il y a quelques années, par M. Bellavoine, ancien maire du Pecq, et notre collègue, M. Maquet, de la société des Sciences morales de Versailles, qui y avaient trouvé : l'un, divers objets en bronze, tels que des fibules, des boucles de ceinturon et une fort belle hache; et l'autre, des briques et des tuiles à rebords. Nous nous promettions bien, aussitôt que les travaux du Chemin de fer de grande ceinture seraient commencés en cet endroit, de les suivre avec la plus grande attention, et l'événement n'a pas tardé à confirmer nos prévisions.

De nombreuses médailles romaines (moyen et petit bronze), furent trouvées par les ouvriers; ces monnaies forment une série d'empereurs qui remonte au 1er siècle avant J.-C., et se prolonge jusqu'au règne d'Aurélien.

Les Romains, qui avaient des établissements sur les hauteurs qui dominent Bougival et Louveciennes (découverte en 1874 de substructions et débris de poterie romaine, vases, tuiles et briques, entre ces deux localités et la

6

Celle-saint-Cloud), avaient aussi une voie qui longeait la rive gauche de la Seine, dont on a également retrouvé des traces entre Bougival et le Pecq. Ils devaient apercevoir de ces hauteurs, (63 mètres d'altitude), le cap de la colline de Mareil; cet endroit en effet, était fort propice à l'édification d'un fort, ou même seulement d'un poste avancé qui commanderait les abords de la forêt de Marly, car sur la lisière de cette forêt profonde, de fortes tribus celto-gauloises étaient établies; les dolmens des plateaux de Marly et de l'Etang, les observatoires et postes à signaux de Marly (la calotte), et de la Haute-Pierre (menhir de l'Étang), l'attestent suffisamment.

Or, si l'on s'en rapporte aux nombreux silex taillés que nous avons ramassés, au nombre de plusieurs milliers, et dont de beaux spécimens sont classés dans les vitrines du musée des antiquités nationales de Saint-Germain, le plateau de Marly devait être occupé par des tribus celto-gauloises très nombreuses; elles y avaient là leur campement et plusieurs sépultures considérables.

Il était donc d'une importance extrême pour l'envahisseur de surveiller ces peuplades, car il suffisait d'un feu allumé sur une hauteur pour faire surgir des profondeurs de cette forêt de Cruye (Marly), qui se reliait au loin avec celle des Yvelines, refuge des tribus carnuthes, une armée de combattants.

Du côté de Mareil, rien ne s'opposait à ce que ces peuplades se répandissent dans les plaines environnantes, et ne coupassent la voie romaine qui paraît avoir dû se diriger du côté de la Normandie.

Le poste de Mareil était donc admirablement choisi; d'autant plus même qu'une sépulture importante (dolmen de l'Étang) révélait, de ce côté de la vallée, l'existence d'une population nombreuse et guerrière [1].

Le dolmen de l'Étang, que nous avons décrit ailleurs en 1878, avait 18 mètres de long, 2 de large et 1 mètre 60 de profondeur; il était divisé en plusieurs compartiments ou chambres, et chaque *cella* paraissait avoir été réservée à une sépulture particulière et d'époque différente.

Malgré les recommandations que nous avions faites au propriétaire de ce dolmen, qui voulut faire les fouilles lui-même, il nous fut impossible de constater la véritable position des nombreux squelettes qui furent mis au jour. Ce ne fut que dans la dernière *cella*, où le chef des ateliers du musée de Saint-Germain, prévenu à temps par nous, put, en fouillant méthodi-

1. La plupart des crânes trouvés dans ce dolmen portaient des traces de blessures graves.

quement, découvrir d'abord une suite de neuf crânes disposés en demi-cercle, comme si les hommes auxquels ils avaient appartenu eussent tenu conseil en cet endroit.

En dégageant ces têtes avec le plus grand soin, on trouva les os des bras et des jambes qui se présentaient successivement et perpendiculairement, ainsi que les vertèbres, les côtes et enfin les os du bassin, ce qui nous fit penser que ces hommes avaient dû être inhumés simultanément, et dans la position assise ou accroupie après un combat.

Parmi les nombreux crânes que nous avons étudiés, nous en avons remarqué un, entre autres, qui portait, au pariétal gauche, une blessure évidemment produite par le tranchant d'une arme (sabre ou hache bien affilée), car l'os, qui avait été entamé profondément, présentait une surface plane et lisse; mais de cette blessure, le guerrier n'était pas mort sur-le-champ, attendu l'existence d'une exostose assez considérable qui s'était formée au-dessus de cette entaille et qui est très-apparente encore; ce crâne, envoyé par nous à la Société d'anthropologie, a figuré à l'Exposition universelle de 1878.

On le voit, cette sépulture, si rapprochée de notre tranchée de Mareil de 5 à 800 mètres), indiquait le séjour d'une peuplade importante,

qu'il était bon pour l'envahisseur de surveiller
activement; c'est, selon nous, ce qui explique
suffisamment l'établissement par les Romains
d'un poste sur le contrefort du cap avancé de
Mareil.

Il y a quelques jours, nous avons été infor-
mé par M. Régnier, ingénieur de la section
du chemin de fer de grande ceinture, de la
découverte d'un squelette inhumé la face
contre terre, sous une plaquette en calcaire
taillé de 0ᵐ60 de longueur, sans aucune inscription. Auprès de ce squelette on a trouvé de
nombreux débris d'instruments en fer très
oxidé, dont une hache à manche creux et à
pointe; en détachant la rouille qui formait sur
cet instrument une épaisseur assez considérable, nous avons trouvé, avec M. Régnier,
une médaille, moyen bronze, très bien conservée, à l'effigie de l'impératrice Faustine.
Ces objets sont incontestablement d'origine
romaine; d'ailleurs, les nombreux débris de
vases, cols d'amphore, poterie noire, grise et
samienne, ainsi qu'un grand nombre de monnaies romaines, qui nous ont été remises par
les ouvriers, attestent d'une manière indé-
niable que ce lieu était le siége d'une habitation romaine, oppidum, villa ou poste militaire. Mais plusieurs zones de cendres rouges
et noires, mêlées de charbons et de débris de

6.

toute sorte, indiquent que ce lieu a été ravagé
par l'incendie ; et nous nous sommes demandé
s'il en a été ainsi, ne l'a-t-il pas été précisément
par cette belliqueuse tribu placée à moins d'un
kilomètre, et dont les guerriers portaient à la
tête de si terribles blessures ?

Mareil est donc un lieu fort ancien, dont
l'antiquité même semblerait se perdre dans la
nuit des temps.

Nous nous rapprocherons un peu de Saint-
Germain, en jetant un regard sur le château
de Grandchamp, magnifique propriété, habitée
actuellement par M. le baron Gérard, dont le
beau-frère, M. Schnapper, est un des principaux donateurs de notre nouvel hôpital. Nous
suivrons les accidents de terrain qui se suc-
cèdent de Mareil jusqu'aux limites extrêmes de
la commune de Saint-Germain ; cette grande
cheminée en briques nous indique l'importante filature de coton de MM. Poiret frères ;
un peu plus loin, vers la droite, un petit bel-
védère est construit sur les limites de la belle
propriété de M. Ch. Wallut, directeur du
Musée des Familles. L'histoire de cette propriété, qui a reçu la visite de quelques hommes célèbres au xviiie siècle, et en dernier lieu
de Mgr Affre, archevêque de Paris, a été dé-
crite dans le *Musée des Familles* par M. Pitre-

Chevalier, l'un de ses anciens rédacteurs.

En notre qualité d'archéologue, nous avons visité avec le plus grand intérêt les débris assez bien conservés de quelques statues, et de plusieurs sculptures du moyen âge, rassemblés dans une chapelle qui borde la rue dite de Sainte-Radegonde.

Nous empruntons quelques lignes au savant historien dont nous venons de citer le nom :

« Sur le sol traversé par l'ancienne rue de l'Hôpital (maintenant rue Schnapper), entre l'hôpital même et la villa habitée par M. Ch. Wallut, dans toute cette vallée de Feuillancourt, aujourd'hui encombrée de maisons, de masures, de potagers et de marais, jadis tapissée de gazons verts, sillonnée d'eaux vives, ombragée d'arbres touffus, s'élevait, et s'étendait, en 1210, le château et le parc du *Bouret*, résidence chérie de Blanche de Castille.

« Cent ans auparavant, ce château était déjà fort ancien, et le nom de Radegonde peut très bien le faire remonter aux temps mérovingiens, ce qui coïncide parfaitement avec ce que nous avons déjà dit du séjour de saint Léger, ou Leutger, évêque d'Autun, martyrisé par le fameux Ébroïn, maire du palais, et l'édification à Feuillancourt d'une église sous le vocable de saint Léger, par Thierry III. »

Remontant un peu la vallée de Feuillancourt, nous apercevons une charmante propriété appelée la Maison-Verte, dont feu
Duval, l'inventeur de ces restaurants parisiens
qui ont retenu son nom, a fait une propriété
vraiment seigneuriale. Dans la plaine qui est
au-dessus, et non loin de cette magnifique
habitation, est un lieu-dit nommé *les Justices*,
c'est sur cet emplacement que furent érigées,
en 1596, les fourches patibulaires de Saint-
Germain, qui auparavant *estaient* en un lieu
appelé le *Clos Saint-Victor*.

Nous quitterons notre observatoire en remar-
quant que le panorama que nous avons sous
les yeux, sans avoir la valeur de celui de la
Terrasse, mérite cependant d'être examiné;
puis, suivant les rues de la Villette, de Mantes
prolongée, en passant devant la villa Campan,
qui a été habitée par cette illustre institutrice,
nous nous dirigerons vers la ville en prenant
la rue Bergette.

Cette voie, peu habitée et presque déserte
actuellement, nous amènera devant l'ancien
hôpital, aujourd'hui abandonné.

C'est sur cet emplacement que l'on croit que
fut élevé le château du Bouret, fondé par un
évêque de Paris, et habité nous l'avon sdéjà dit
par la reine Blanche de Castille, mère de saint
Louis.

Nous chercherons, aux environs, une porte basse pratiquée dans un massif de pierre de taille, c'est la fontaine de *la pissotte*.

« Un des officiers de la reine Blanche, le sieur Guillaume de la Pissotte, se rendit acquéreur d'une belle source découverte depuis peu, au bas du coteau, dans la vallée de Feuillancourt, presque en face de la chapelle de Sainte-Radegonde ; les eaux de cette source, excellentes, limpides et légères, furent mises en vogue à la Cour de France, et son heureux propriétaire la fit clore de murs et disposer de manière qu'on ne pût s'en servir que pour la table du souverain. Cet usage s'est maintenu jusqu'à Louis XIV, et les officiers de la bouche y venaient puiser l'eau exprès tous les jours, dans de grandes bouteilles de plomb. »

Cette source existe encore, mais elle paraît abandonnée aujourd'hui à l'usage exclusif de son propriétaire.

Revenons à l'ancien hôpital, dont la construction et l'édification sont dues aux libéralités de Mme de Montespan, lorsqu'elle fut à peu près délaissée du grand roi.

« En 1680, Mme de Montespan jeta à Saint-Germain les fondations d'un hôpital pour les pauvres vieillards des deux sexes ; à cet effet, elle acheta un bâtiment et un enclos assez considérable, et y joignit plus tard encore un autre terrain. Jusqu'en 1686, cette maison fut administrée sous son nom. »

Plus tard, ces bâtiments étant devenus insuffisants, on fit construire sur la partie la plus élevée du terrain, et sur le bord de l'ancienne route de Normandie , la chapelle et les bâtiments qui existent encore, et que l'on décora du nom d'hôpital général.

La chapelle de cet ancien établissement est très bien conservée, et la situation générale est bien choisie, mais l'emplacement étant devenu insuffisant, on fut obligé de transférer l'hôpital dans les bâtiments que nous avons visités rue de Poissy.

Nous continuerons notre promenade en nous engageant dans cette rue sans arbres que l'on appelle le « boulevard du Midi. » Si nous avons admiré, des hauteurs de Saint-Léger, le panorama que nous offraient la forêt de Marly, Hennemont, Fourqueux et Mareil, ici nous continuerons notre excursion à vol d'oiseau en contemplant les coteaux de Marly, l'aqueduc, le plateau de Marly, Louveciennes et Bougival.

MARLY-LE-ROI

ARLY-LE-ROI, dont nous apercevons quelques maisons et la flèche élancée de son église est, de même que Mareil et Fourqueux, d'origine fort ancienne ; l'histoire le fait remonter au xie siècle ; les seigneurs de ce domaine n'étaient rien moins que les aïeux de ce Mathieu de Montmorency, qui vivait en 1150, et qui après s'être distingué dans les guerres de Philippe-Auguste, se croisa et alla mourir près de Constantinople.

Louis XIV fit construire à grands frais, dans un cloaque situé sur les confins de la forêt, un château où « *il se plaisait fort.* »

Après la mort du grand roi, le château de Marly fut presque abandonné par la cour et enfin détruit. Aujourd'hui, il n'en reste aucune trace, et la charrue passe et repasse sur les pelouses, ainsi que sur l'emplacement des bassins et des pavillons du grand parc. Mais si l'on n'entend plus sur les routes qui conduisent à Marly le bruit des carosses royaux, et dans les profondeurs de sa forêt les sons joyeux du cor, rassemblant les seigneurs de la cour pour *l'hallali ou la curée*, on aperçoit un jet de fumée blanche : c'est, d'un côté, le tramway à vapeur qui amène les voyageurs, et, sur la route de Versailles, le petit chemin de fer organisé pour les travaux d'un fort considérable que l'on construit en ce moment au *Trou d'Enfer*.

Marly possède plusieurs belles maisons de campagne qui ressemblent à des châteaux, telles que la propriété des Sphinx, appartenant à M. Victorien Sardou, sur la place de l'église.

L'aqueduc de Marly, qu'on nomme aussi aqueduc de Louveciennes, ouvrage digne des Romains par sa construction simple, solide, et majestueuse, est composé de trente-six arcades; mais il ne sert plus à rien, attendu que l'on a trouvé le moyen de conduire les eaux de la Seine à Versailles dans des conduites en fonte qui passent au pied du monument.

Marly est un chef-lieu de canton de l'arrondissement de Versailles; son église, dédiée à saint Vigor, a été reconstruite au xvie siècle, sur l'emplacement et avec les matériaux de l'ancienne chapelle priorale.

Le haut plateau qui s'étend d'un côté depuis les limites de la commune, en suivant la route de Versailles jusqu'à Port-Marly et le château de Grand-Champ, et de l'autre jusqu'auprès de l'Étang, en comprenant le hameau de Demonval, paraît avoir été le séjour de nombreuses populations préhistoriques ou plutôt celto-gauloises. En effet, nous y avons reconnu les traces d'un immense atelier de fabrication de silex taillés, en même temps que nous y constations l'existence de la pierre polie.

Non loin du lieu dit *la Tour aux Païens*, on a trouvé, en 1841, une allée couverte très importante, qui contenait plusieurs centaines d'individus.

Cette sépulture, découverte comme toutes celles du même genre par le heurt de la charrue sur une des dalles de recouvrement, a été détruite sans aucun avantage pour la science ; les dalles en grès lustré de ses parois ont été impitoyablement converties en pavés.

LOUVECIENNES

OUVECIENNES, dont nous apercevons les hauteurs à gauche de l'aqueduc de Marly, est un village dont une partie est située sur la pente de la montagne qui borde l'ancienne route de Paris à Saint-Germain. Dulaure nous apprend que *Luciennes* ou *Louveciennes* vient de *mons Lupicinus*, nom de la montagne sur laquelle est située ce village ; c'est ainsi, dit-il dans son Histoire des environs de Paris, qu'il est nommé dans un acte du IXe siècle.

7

Les seigneurs de Marly s'attribuaient des droits de suzeraineté sur Louveciennes; vers la fin du xviie siècle, la seigneurie de ce lieu appartenait à Jacques de Beringhen, premier écuyer du roi et chevalier de ses ordres.

Ce qui a rendu célèbre le village de Louveciennes; c'est le pavillon de la trop fameuse Mme Dubarry, maîtresse de Louis XV, qui avait, dit-on, coûté près de six millions. Ce pavillon a été vendu, et il fait le principal ornement d'une des plus belles propriétés de l'endroit; on y jouit d'une vue délicieuse.

Louveciennes est une commune du département de Seine-et-Oise, arrondissement de Versailles, sa population est de plus de 2,000 habitants.

C'est sur le plateau de Louveciennes que l'armée allemande, en 1870, avait établi ses principales batteries devant le mont Valérien.

De Louveciennes à Bougival, la distance n'est pas grande, et avec une bonne lorgnette nous pouvons apercevoir le clocher de son église.

BOUGIVAL

Bougival est un village situé sur l'ancienne route de Paris à Saint-Germain, sur la rive gauche de la Seine, à quatre kilomètres à l'est de Marly, et à 13 kilomètres de Paris.

Ce lieu, dit Dulaure, est mentionné pour la première fois dans plusieurs titres du xiiie siècle; il avait pour seigneurs ceux de Marly.

L'église de Bougival est devenue trop petite pour la population de cette commune, aussi parle-t-on de la reconstruire; elle date du xiiie siècle, et elle est sous le titre de la Vierge, mais elle reconnaît pour second patron saint Avertin.

Bougival est un lieu de plaisance, et l'on y remarque de charmantes propriétés; c'est aussi le rendez-vous des canotiers et des amateurs de fritures de goujons.

Ce petit village est devenu célèbre depuis la guerre de 1870 : Les Prussiens s'y étaient établis et en avaient chassé presque tous les habitants; seuls, quelques ouvriers et jardiniers des propriétés bourgeoises avaient cependant pu y demeurer.

Un jour, les communications télégraphiques avec le quartier général de Versailles furent interrompues, le fil avait été coupé ; on rechercha le coupable, et enfin l'armée allemande le découvrit ; c'était un homme d'un certain âge, le nommé Martin, jardinier d'une propriété bourgeoise, qui avait, par patriotisme, coupé le fil avec son sécateur.

Amené devant les officiers prussiens, Martin, loin de nier sa culpabilité aux yeux de l'ennemi, convint du fait, et ajouta même qu'il recommencerait. Il n'en fallait pas davantage pour provoquer la réunion d'un conseil de guerre qui, en effet, se rassembla, et Martin fut condamné à mort. En vain ses amis implorèrent la pitié des vainqueurs, ce fut inutile ; l'attitude de Martin, qui ne se démentit pas un seul instant, hâta le moment de l'exécution. On l'emmena dans les jardins qui dominent le village, et il fut frappé de douze balles au pied d'un arbre !

La municipalité de Bougival vient de faire élever sur l'emplacement du supplice de Martin, un monument qui rappellera qu'il était encore, dans ces moments de désorganisation, des Français dignes de ce nom.

La chaussée est une dépendance de Bougival ; ce nom convient parfaitement à cette partie de la route, qui est souvent submergée pendant les grandes inondations.

La chaussée est une ancienne pêcherie royale,

qui, sous le nom de *Charlevanne*, remontait, dit-on, à l'an 817. Si l'on s'en rapporte aux enseignes des nombreux restaurants qui bordent la chaussée, on reconnaît que la pêche continue à y être en honneur : c'est là où l'on peut savourer une excellente matelotte et une délicieuse friture sans être par trop écorché.

Maintenant, nous remettrons notre longue-vue dans son étui, et nous reviendrons à Saint-Germain, bien que nous ne l'ayons pas quitté un seul instant. Nous rejoindrons la route de Versailles à Saint-Germain que nous remonterons, en admirant les charmantes propriétés qui la bordent de chaque côté, et dans lesquelles, lorsqu'on y a fait des terrassements, nous avons découvert plusieurs gisements coquilliers de l'époque tertiaire.

La côte de Versailles, dont la rampe est assez douce, nous conduit sur la place Royale; c'est le point culminant de la ville. A notre droite est la route de Paris par le Vésinet, Chatou et Nanterre; puis le manège : En 1814, la garnison de Saint-Germain n'ayant pour se livrer aux exercices militaires qu'un ancien jeu de paume insuffisant, on fit l'acquisition des terrains qui avoisinaient la grille du Boulingrin, dont l'avenue est en face de nous, et l'on y éleva le manège couvert. Ce bâtiment est surtout remarquable par son comble en charpente, construit à la manière de Philibert Delorme. Une coupole formant tribune le termine à son extrémité sud.

Retournons-nous vers la rue de Paris, la plus importante de la ville : à droite et à gauche sont les quartiers de Luxembourg et de Grammont, vastes casernes qui peuvent contenir deux régiments de cavalerie. Nous suivrons cette rue, puis nous prendrons à droite la rue de la Verrerie, d'où nous apercevrons bientôt une partie de la chapelle du Château, que son savant restaurateur, M. Millet, architecte, n'a pas eu le bonheur de voir terminer avant sa mort qui est toute récente.

Voici le théâtre, dont la salle concédée dans les anciens bâtiments du Jeu-de-Paume, en 1837, par la ville au directeur Guillot, a été ensuite la propriété de M. Doyen, puis restaurée par Alexandre Dumas père en 1846. Elle est devenue en 1855 la propriété définitive de la ville.

La salle, qui est petite, mais coquettement disposée, sert aussi pour les grandes fêtes de bienfaisance et les réunions officielles.

Le genre de spectacle, composé exclusivement de comédie, de vaudeville, de drame et d'opérette, attire malheureusement peu d'amateurs, à cause de la proximité de Paris, et surtout à cause du train de minuit 35, qui permet aux habitants de Saint-Germain de suivre les spectacles de la capitale.

En général, les divertissements sont assez peu variés dans notre ville, surtout pendant l'hiver; car en dehors du spectacle, du cercle et de quelques cafés peu suivis, la population, sauf quelques rares bals de bienfaisance, en est réduite à rester chez elle la plus grande partie du temps; mais en été il n'en est pas de même : outre les nombreuses fêtes champêtres des environs, il y a la Terrasse, où, grâce à notre excellente musique municipale, on est sûr, chaque dimanche, de passer une après-midi fort agréable.

Nous reprendrons la rue du Château-Neuf, que l'on vient de *rebaptiser* tout nouvellement sous le nom de rue Thiers. Nous le regrettons, non pas que nous contestions un seul instant au grand citoyen qui a libéré le territoire l'honneur d'avoir donné son nom à l'une des rues de notre ville ; mais il nous semble que l'on aurait dû en choisir une autre, car maintenant rien à Saint-Germain ne rappelle plus ce château neuf et ses merveilles, dont nous avons déjà parlé très sommairement.

Henri IV, qui se connaissait en beaux sites, fatigué du vieux château-fort, avec sa cour exiguë et ses fossés profonds, où le soleil avait

tant de peine à faire disparaître l'humidité,
s'avisa un jour de faire bâtir une habitation
de plain-pied sur la colline qui commande la
Seine et la belle vallée qui s'étend à perte de
vue.

Quel agrément de pouvoir descendre jusqu'à
la rivière, en suivant une douce pente ombragée d'arbres et de fleurs : C'était digne d'un
roi !

Aussitôt la résolution prise, l'architecte se
mit à l'œuvre; l'entrée du château neuf fût
placée en face du vieux château. Une pelouse
de 400 mètres séparait les deux édifices; le
portail, orné de colonnes, surmonté des armes
de France et de Navarre, donnait accès dans
une cour d'honneur, laquelle se trouvait flanquée à droite et à gauche de deux autres cours.

André Duchesne a fait une description des
merveilles du château neuf ; nous lui emprun-
terons, en conservant son naïf et vieux langage, quelques descriptions :

« Je ne veux m'arrester à montrer icy les
terres, les galleries, les sales, les chambres, an-
tichambres, les cours, les offices, les jeux de
paulme, l'église, les vignes, les bois, les routes,
les montagnes, les valons, les prés, la vilette
basse, au pied ceint de la rivière de Seine qui
va léchant ses bords; je ne veux m'arrester à
descrire la forest voisine des murailles de ce

chasteau, couverte d'une feuillée si épaisse et si touffue, que le soleil en sa plus ardente chaleur, ne le sçauroit transpercer ; forest, où les poëtes du temps passé eussent pu dire s'ils l'eussent veue, que c'estoit celle même où le dieu Pan, ce grand veneur, les faunes satyres, Dryades, Hamadryades, et toutes les déités forestières, avoient accoutumée de faire leur retraite ; forest, dis-je, riche d'un jeu de mail, le long duquel il y a des pavillons quarrez, faits et massonnez exprès pour reposer, ou pour recevoir l'assemblée des regardants. Seulement je veux dire que nos roys, pendant l'honneur de la seureté de la paix, ont presque toujours choisi leur retraite en cette noble maison. »

En effet, pour les grands du royaume, comme en ce lieu de délices, on devait oublier avec plaisir en ces temps-là les grosses questions qui avaient nom : la Ligue, la Réforme, la faction espagnole ou la conspiration du maréchal de Byron ?

« Et, continue le bon Duchesne, à la vérité, si jamais la majesté des lys a honoré et vénéré un lieu de nostre France je croy que ça esté ce chasteau, après cestui de Fontainebleau.

« L'escalier qui est à l'entrée, où sont gravées les images d'Hercule et d'un lion ; les fontaines, les jets d'eau, les petits ruisseaux frais et argentins qui coulent au fond des petits valons pour

rafraîchir les plantes et les fleurs des parterres
et compartiments des jardins, y sont admirables; mais sur tout cela, les grottes aux-
quelles il semble que les plus rares merveilles
de la nature ayent résolu de suborner les sens,
enyvrer la raison et peu à peu dérober l'âme de
ceux qui les regardent ou entendent, leur faisant perdre le sentiment, soit de l'œil, soit de
l'ouye.

« Les anciens avoient ignoré l'industrie de
faire élever et remonter les eaux plus haut que
leur source, et nous et les nostres fussions de-
meurez dans cette ignorance, sans l'ingénieuse
et hardie invention de Claude de Maconnis,
président des finances de la généralité de Lyon,
qui le premier en a fait preuve avec admiration, premièrement aux fontaines de ce nouveau chasteau de Saint-Germain en Laye, et
depuis aux maisons du mareschal de Rets à
Noisy et du premier président de Paris à
Stim.

« Par le moyen de cette élévation, et à la
faveur des secrets ressorts de ces eaux remon-
tantes, l'industrie humaine nous y fait voir
aujourd'huy de belles et rares pièces, dans les
grottes tant hautes que basses. Et, premièrement, quant aux autres, elles sont si artistement
pavées et encroustées partout de divers rangs de
coquilles d'ouitres et moules, que l'assemblée

des regardans se sent plutost mouillée, qu'elle ne s'aperçoit d'où peut procéder l'accident.

« Dedans la première est une table de marbre, où par l'art d'un entonnoir, s'élèvent en l'air des couppes, verres, et autres vaisseaux bien formez par la seule matière de l'eau.

« Près de là y a une nymphe élevée à demy en basse, la face riante, belle et de bonne grâce, qui laissant emporter ses doigts au branle que luy donne l'eau, fait jouer des orgues, je dis de ces instruments organiques qui furent premièrement en usage aux églises de France, sous Louis le Débonnaire, fils de nostre grand Charles.

« Il y a un Mercure près de la fenestre, qui a un pied en l'air, et l'autre planté sur un appui, sonnant et entonnant hautement une trompette. Le coucou s'y fait entendre et reconnoistre à son chant.

« Sortant de là ponr entrer en l'autre partie, se rencontre un fier dragon, lequel bat des ailes avec grande véhémence, et vomit violemment de gros bouillons d'eau par la gueule. Dragon accompagné de divers petits oisillons que vrayment l'on dirait non pas peints et contrefaits, mais vivants et branlans l'aîle, qui font retentir l'air de mille sortes de ramaiges, et surtout les rossignols y musyquent à demy, à l'envy et à plusieurs chœurs.

« On voit de l'autre costé un bassin de fontaine enrichy de mille petits animaux marins,
les uns en conque, les autres en écaille,
d'autres en peau, tout entortillez par le reply
des vagues et des flots courbez et entassez l'un
sur l'autre ; il semble à voir ces troupes écail-
lées que ce soit un triomphe marin. Sur l'une
des faces, entre ces petits animaux, s'élèvent
deux tritons par dessus les autres, qui em-
bouchent leurs conques tortillées et abouties
en pointe, mouchetées de taches de couleur
aspres et grumeleuses en quelques endroits. Ils
ont la queue de poisson large et ouverte par le
bas. Au son des conques, s'avance un roy assis
en majesté, sur un char couronné de joncs
mollets mêlez de grandes et larges feuilles qui
se trouvent sur la grève de la mer.

« Il porte la barbe longue et hérissée, de
couleur bleue, et semble qu'une infinité de
ruisseaux distillent de ses moustaches allon-
gées et cordonnées dessus ses lèvres et de celles
de ses cheveux.

« Il tient de la main dextre une fourche à
trois pointes, de l'autre il guide et conduit ses
chevaux marins galloppans à bouche ouverte,
ayant les piés dechiquetez et découpés menu
comme des nageoires de poisson. Ils ont la
queüe tortillée comme serpents ; les roües de ce
char sont faites de rames et d'avirons, assem-

blez pour fendre et couper la tourmente et l'épaisseur des flots comme à coups de ciseau.

« De l'autre fasce, sont des mareschaux en leurs habits de forgerons, la fasce noire de crasse et de suye, lesquels battent du fer sur une enclume, à grands coups de marteau. Si c'étoient des cyclopes, je dirois qu'ils forgent des armes à nostre grand Henry, comme ils en ont forgé chez les poëtes au vaillant Achille et au pieux Enée. Et, ce qui est plus plaisant, et qui semble fait pour faire rire, c'est l'eau qui se lance à gros bouillons contre ceux qui se tiennent aux fenestres, qu'en un moment ils sont tout mouillez.

« Au-dessous et un peu plus bas, se voit une autre grotte que vous diriez d'un rocher ridé, caverneux, et calfeutré de mousse épaisse et délicate; comme s'il eust été tapissé de quelque fin coton. Là, vous voyez les bestes, les oyseaux, et les arbres s'approcher d'Orphée touchant les cordes de sa lyre, les bestes allonger les flancs et la teste, les oyseaux trémousser les aîles, et les arbres se mouvoir pour entendre l'harmonie de ce divin chantre. Là est un Bacchus assis sur un tonneau, tenant une couppe en main. Là, sont des déesses admirables en forme de deux colosses, et plusieurs autres pièces merveilleuses que je laisse pour la curiosité de ceux qui voudront en contenter leurs yeux.

« Au lieu où est le rocher, et tout devant le chasteau, vous remarquez une belle et admirable fontaine, qui surgissant à gros bouillons, se divise en plusieurs tuyaux qui serpentent et arrousent non seulement les jardins, mais aussi fournissent d'eau à toutes ces petites merveilles artificielles. »

La lecture de ce récit enthousiaste pourrait faire supposer que le naïf historien a singulièrement amplifié sa description, mais il paraît qu'il n'en est rien, car un autre auteur, plus de quarante ans après, non moins ravi que Duchesne, publiait ce qui suit :

« Permets-moi, illustre Kaïmakan, de te dire que ces jardins de tous les rois de l'Orient n'approchent pas de la beauté de ceux de ce palais. Les princes chrétiens sont fort ingénieux à inventer des plaisirs, et ils font en sorte que tous les éléments contribuent à leurs divertissements. Tu as souvent vu les feux d'artifice que l'on tire à Constantinople, le jour de nos fêtes, mais tu n'as jamais vu des jets d'eau comme ceux qu'on voit tous les jours dans ce palais. Là, par la simple force de ce liquide élément, on fait jouer des instruments de musique qui composent une harmonie qui n'est guère inférieure aux meilleurs concerts, et que relève de beaucoup le plaisir qu'on prend de voir jouer ces musiciens et de sentir qu'ils appuient les doigts sur les clés des orgues, sur les cordes des violes et des luths, avec la même justesse que s'ils étaient des personnes vivantes.

« On y voit toutes sortes de métiers exercés par des statues qui font tout avec justesse, et qui le font avec une extrême rapidité, tant que l'eau leur donne le mouvement; mais d'abord qu'elle ne les fait plus agir, elles retournent incontinent à leur première immobilité.

« On passe de là à une mer feinte, où l'on voit des Tritons en mouvement sur des dauphins et sonnant de leurs trompettes de coquille devant Neptune, qui est tiré dans un chariot par quatre tortues. Des statues sont aussi l'histoire d'Andromède et de Persée. Mais la pièce la plus curieuse est un Orphée, qui joue de la viole, pendant que les arbres se meuvent et que les bêtes dansent autour de lui. Cet ouvrage est si riche et si précieux, qu'un des inspecteurs des jets d'eau m'a dit qu'une corde de la viole s'étant rompue, il en avait coûté trois cents écus à Louis XIII pour la faire raccommoder. »

Louis XIV, jaloux sans doute de ces merveilles, voulut les dépasser dans l'établissement des nombreuses pièces d'eau de Versailles, dont nous pouvons encore aujourd'hui admirer les effets merveilleux, tandisque ceux de Saint-Germain, détruits en 1776, par le comte d'Artois, ne subsistent plus que dans les récits qu'en ont fait les historiens.

Si nous n'avions vu nous-même les restes de quelques grottes dont les ruines attestent un travail gigantesque, nous aurions quelque peine à croire aux récits que nous venons de reproduire, d'autant plus que la rareté des eaux à Saint-Germain à cette époque est bien constatée par tous les auteurs.

Le manque d'eau à Saint-Germain a de tout temps été l'objet des préoccupations des municipalités qui se sont succédé, et encore aujourd'hui, la question attend une solution complète, par l'établissement d'un réservoir assez grand pour répondre aux besoins de la population.

On nous permettra sans doute de reproduire à ce sujet quelques détails historiques sur les eaux de la ville de Saint-Germain :

Ce fut, dit-on, Charles V qui, le premier, établit des canaux pour recueillir les eaux des sources qui provenaient des hauteurs de la forêt de Marly, de Bethmont et de Poncy.

Le volume d'eau versé dans Saint-Germain était alors de 150 muids par 24 heures; Henry IV le trouvant insuffisant pour les besoins de la ville, et surtout pour les jardins et les grottes du château neuf, fit construire une

ligne d'aqueducs souterrains, qui allaient chercher l'eau d'un côté dans les ventes d'Herblay,
et de l'autre dans les étangs de Retz et de Saint-
James.

Jusqu'en 1732, les rois de France entre-
tinrent ainsi les conduites qui amenaient ces
eaux à la ville et aux possessions royales.

Louis XV laissa à la charge de la ville l'entretien de toutes les conduites, jusqu'au réservoir de la grande fontaine, bâti près de l'ancien
cimetière, à la condition qu'elle aurait la jouis-
sance des deux tiers de ces eaux, et la faculté
d'en vendre aux habitants.

En 1797, la ville fit construire, sur la place
du Marché-Neuf, un réservoir de cent muids
d'eau ; mais, reconnaissant encore l'insuffisance
de cet approvisionnement, on établit en 1836
une pompe à feu sur la Seine, qui amena l'eau
de ce fleuve sur le plateau de Saint-Germain.

De 1855 à 1858, M. de Breuvery, étant
maire, se livra à de laborieuses études, afin
d'améliorer le produit des étangs de Retz, dont
l'eau est bien plus salubre que celle de la Seine,
qui reçoit dans son parcours de Paris à Saint-
Germain une grande quantité de ruisseaux et
d'égouts infects.

Cette idée était fort louable, aussi se mit-on
immédiatement à l'œuvre ; on avait déjà créé
en 1852 la réserve de Montaigu ; il fallait s'oc-

cuper d'entretenir les canaux qui l'alimentaient, et de rechercher s'il ne serait pas possible d'augmenter le produit des étangs de Retz.

M. de Breuvery fit opérer des sondages, établir un système de drainage, et rassembla, en effet, dans des puits, toutes les sources qu'il pût trouver.

Cependant, malgré ses efforts, il ne parvint pas à convaincre son Conseil municipal, qui décida, en 1857, le construction d'une nouvelle pompe à feu au Pecq.

Enfin, en 1858, M. de Breuvery put inaugurer, en présence de M. de Saint-Marsault, préfet de Seine-et-Oise, les nouvelles eaux de Retz.

Malgré cette amélioration, on fut encore obligé d'établir, dans ces dernières années, une seconde pompe à feu au Pecq, et lorsque le grand réservoir sera construit, le service des eaux sera suffisamment assuré. Mais nous regrettons toujours qu'il n'ait pas été possible de trouver, dans les sources avoisinantes, un produit plus considérable qui nous eût évité la nécessité d'avoir recours aux eaux si peu salubres de la Seine;

De nouvelles études se font en ce moment, afin de prendre ces eaux au milieu du fleuve, ce qui atténuera en partie l'inconvénient que nous venons de signaler.

Terminons en constatant ici que les municipalités depuis M. de Breuvery ont fait les plus
grands efforts pour améliorer le service des
eaux de la ville de Saint Germain, ce qui est
d'une importance extrême pour tous ses habitants.

HISTORIQUE DES RUES DE LA VILLE
DE SAINT-GERMAIN

Nous croyons utile d'entrer ici dans quelques détails historiques ou anecdotiques sur
quelques-unes des rues de la ville, soit pour rechercher leur étymologie que rien ne semble
plus justifier aujourd'hui, telle que la rue du
Poteau-Juré, celle de la *Verrerie*, etc., soit
pour rechercher les faits historiques ou anecdotiques dont elles ont été le théâtre, ou qui peuvent s'y rattacher. Nous commencerons par la
plus importante :

La rue de Paris, appelée anciennement *rue
des Récollets*, à cause du voisinage d'un couvent de cet ordre, fut *débaptisée* lors de la première révolution, ainsi qu'un grand nombre
d'autres rues « de *la Montagne du bon air* »
qui était le nom de Saint-Germain à cette époque. La rue de Paris a gardé sa nouvelle dénomination, tandis que la plupart des autres rues

ont repris leur ancien nom. Elle est la plus fréquentée de la ville, elle devrait en être aussi la plus belle à cause de l'importance des magasins qu'elle contient et du commerce qui s'y fait; mais, malheureusement, le pavage est généralement en assez mauvais état, par suite du fréquent passage des voitures qui suivent la route nationale de Normandie. Au mois de juin 1790, Saint-Germain ou plutôt *Montagne du bon air,* étant devenu le chef-lieu d'un *district,* les bureaux furent transférés *rue des Récollets, n° 12*; cette maison a porté jusqu'à ce jour la désignation d'hôtel du district.

Le 27 avril 1792, les récollets furent transférés dans la maison des Loges, et la ville reprit définitivement le terrain qu'elle avait jadis concédé gratuitement *aux bons pères, attendu que leur conduite et leurs discours n'étaient plus en harmonie avec le nouvel ordre des choses ???*

La rue de Paris prend de la place Royale et aboutit à la rue au Pain.

La rue de la Verrerie, qui débouche dans la rue de Paris, doit probablement son nom à un établissement de ce genre. En effet, nous lisons, dans un ancien ouvrage sur Saint-Germain, que Charles IX, après avoir naturalisé et ennobli un Italien du nom de Thesco-Mutio, lui concéda, en 1562, pour lui et son frère Ludovico, une manufacture de verrerie qui se trouvait dans les environs du théâtre actuel, afin d'y établir une fabrique de glaces à la manière de Venise, la première que l'on vit en France.

La rue de Versailles qui semble faire suite à celle de la Verrerie, après avoir traversé la rue de Paris, doit son nom à un vieux chemin qui conduisait anciennement à Versailles. Elle longe à gauche les casernes de cavalerie et d'infanterie; la première est établie dans les *écuries du roi*, autrefois écuries de la reine, bâtiments qui datent de 1766, la deuxième a été construite en 1823.

Sur notre droite, au n° 10, est une brasserie très importante dont les produits fort remarquables viennent de recevoir la médaille d'or à l'Exposition internationale de 1878.

Son propriétaire actuel a su y introduire la fabrication des bières de Strasbourg, dont la renommée lui a valu de nombreux clients dans nos départements de l'Ouest; nous suivrons cette rue jusqu'à son débouché dans la rue des Ursulines.

La rue des Ursulines, qui conduit de la rue de Versailles à la place Mareil, contient de fort belles propriétés; elle a la tranquillité ou pour mieux dire la placidité de nos rues de provinces ; elle doit son nom à une colonie de religieuses Ursulines que Mme de Montespan y installa vers 1682.

En 1793, cette rue reçut le non de *l'Unité*; mais depuis elle a repris son ancienne dénomination.

Au n° 42 se trouve le couvent dit de *la Nativité*, établi en 1821, qui contient un pensionnat et une école gratuite de jeunes filles. Un peu plus loin est l'emplacement de l'ancien collège communal, où, en 1796, parmi les élèves les plus remarquables, on citait les noms de Jérôme Bonaparte et d'Eugène de Beauharnais. Cette institution fut supprimée en 1814, et depuis cette époque elle manque à notre ville.

Nous faisons des vœux sincères afin que la souscription qui vient de se former à l'effet de reconstituer ce collège, ait tout le succès qu'elle mérite à tous égards.

Voici la rue Saint-Louis sur notre droite. Elle doit se prolonger jusqu'au boulevard du Midi, mais quand? Cette issue, si on la conduisait jusque sur les hauteurs qui dominent les fonds de l'hôpital, donnerait de l'animation aux déserts et aux terrains vagues que l'on remarque encore dans cette partie de la ville.

On se rappellera, sans doute, le panorama que nous avons remarqué des hauteurs du boulevard du Midi, c'est en effet un point de vue délicieux, mais il faut faire actuellement beaucoup trop de détours pour y arriver.

En traversant la place de Mareil, on s'aperçoit bien vite du changement qui s'opère; l'aspect n'est plus le même; dans la rue des Ursulines, c'est le calme et la tranquillité de l'habitation bourgeoise, avec ses pelouses et ses jardins; ici c'est l'animation de la rue; et si nous nous engageons dans la rue de Mareil, la différence s'accentue davantage; c'est ici le quartier du travail; les habitations, sans être pauvres, sont moins luxueuses; on ne trouve dans la rue de Mareil que de petits logements à l'usage de l'ouvrier et de l'artisan; mais, quoi qu'il en soit de l'aspect, la rue paraît plus joyeuse, plus animée que celle que nous venons de parcourir.

A gauche de la place de Mareil, en sortant de la rue des Ursulines, la première maison importante que l'on aperçoit a été la demeure d'un homme *utile entre tous*, nous voulons parler de M. Saguez de Breuvery, ancien maire de Saint-Germain en Laye et ancien conseiller général de Seine-et-Oise.

M. de Breuvery, élève du fameux Pesta-

lozzi, eut une jeunesse très studieuse ; admis
à l'école polytechnique à dix-sept ans, il n'y
entra pas, et se mit à voyager en Grèce, en
Asie Mineure et en Egypte. Orientaliste distingué et antiquaire de grand mérite, il visita avec
fruit les ruines de Palmyre et de l'Halicar-
nasse, dont il a rapporté des pièces fort inté-
ressantes, qui font partie de sa collection particulière ou plutôt de son musée, que sa famille
conserve religieusement.

Son ouvrage, *l'Égypte et la Nubie*, si remarquable au point de vue philologique et
ethnographique, l'a placé du premier coup au
nombre des plus grands orientalistes.

De retour à Saint-Germain, il ne tarda pas
à être remarqué de ses concitoyens, qui à trente
ans le nommaient maire. En 1848, il fut désigné pour les fonctions de sous-commissaire du
gouvernement provisoire.

Cette homme d'une activité prodigieuse,
malgré les charges qui lui étaient imposées,
tantôt comme maire, tantôt comme conseiller
d'arrondissement ou conseiller général, trouvait encore des instants pour se livrer à des travaux d'économie politique, tels qu'un *Mémoire
sur le commerce extérieur de la France*, un
autre sur les approvisionnements des villes
(*Boulangerie et Boucherie.*)

Ses loisirs, lorsqu'il en avait, il les employait

encore à étudier le livre de l'humanité préhistorique ; il avait exhumé des cavernes de la Vézère (Périgord), de nombreux débris d'antiquités appartenant à l'âge de la pierre. La collection dont il a fait don au Musée des antiquités nationales de Saint-Germain, atteste qu'en ce genre il était aussi un savant. Nous nous faisons un grand honneur d'avoir été appelé quelquefois à faire des recherches avec lui, notamment au Dolmen de Conflans, qu'il nous a aidé à préserver du marteau des carriers.

Enfin, on doit à M. de Breuvery la digue d'Achères, et la découverte de nouvelles sources aux étangs de Retz.

Tant de soins et de labeurs avaient depuis plusieurs années ébranlé profondément la santé de l'homme qui disait que : *nul n'a le droit de se reposer tant que son travail peut être utile aux autres.* Les événements terribles et désastreux de 1870-1871 arrivèrent ; M. de Breuvery et son Conseil municipal remirent les affaires entre les mains d'une commission nommée par le gouvernement de la Défense nationale, mais il resta encore pour ainsi dire à son poste, tenant à continuer à ses concitoyens pendant cette douloureuse époque, le concours de ses capacités et de sa longue expérience ; puis, le 27 juillet 1876, M. Jules-Xavier Saguez de Breuvery s'éteignait au milieu des siens, et

8

toute la ville, sans distinction d'opinions politiques, accompagnait avec respect et reconnaissance son ancien magistrat à sa dernière demeure.

C'est ici l'occasion de parler de deux rues de
la ville : les rues d'Ourches et de Breuvery.
M. le marquis d'Ourches, qui n'habitait pas
la ville de Saint-Germain, était l'ami intime
de M. de Breuvery. A plusieurs reprises, il
lui avait manifesté le vif désir de lui léguer sa
fortune ; par délicatesse, M. de Breuvery ne
crut pas devoir accepter ce legs, si spontané
qu'il fût, et cette généreuse discrétion faillit lui
coûter le sacrifice de cette fraternelle amitié,
car ce refus amena entre les deux amis une
rupture momentanée, qui ne cessa que lorsque
M. de Breuvery fut parvenu à lui persuader
de léguer sa fortune au nouvel hôpital de
Saint-Germain. Grâce aux instances désinté-
ressées de M. de Breuvery, une somme de plus
de *quatre cent mille francs* vint enrichir cet
établissement de bienfaisance. Le conseil municipal, voulant perpétuer le souvenir du géné-
reux donateur, et en même temps, le noble désin-
téressement de son premier magistrat, décida,
par une délibération en date du 13 février 1869,
approuvée par décret du 3 avril suivant, que les
noms de *rue d'Ourches* et de *rue de Breuvery*
seraient donnés à deux rues de la ville.

Continuons notre promenade en *zigzag* dans les rues de la ville :

La rue au Pain, qui fait suite à la rue de Mareil en traversant la rue de Paris, forme une espèce de carrefour appelé le *Cadran ;* c'est là où se rassemblent assez volontiers les ouvriers sans ouvrage. Anciennement les boucheries, où les étaux des bouchers, se trouvaient à droite de la rue au Pain et tout auprès de la *rue des Coches.*

En 1784, dit un ancien historien de la ville, le droit de transporter les voyageurs de Saint-Germain à Paris et à Versailles était affermé à un entrepreneur de *coches*, qui, paraît-il, rançonnait d'une manière étrange les habitants, auxquels il avait la prétention d'interdire la faculté de louer aucune voiture ou cheval pour se conduire eux-mêmes, à moins de lui payer une redevance de trois livres par cheval, ou de prendre le *carobas* ou carrosse de Saint-Germain, qui ne partait qu'une fois par jour, et dont le service était fort mal fait. Le 2 juin 1786, on supprima deux *coches* qui faisaient seuls le service de Saint-Germain à Paris; ils furent remplacés par quatre *guinguettes* à soupente, et le prix des places fut réglé à une livre dix sous.

Les *coucous*, puis les *accélérées* remplacèrent les « guinguettes » et enfin furent remplacés eux-mêmes par le chemin de fer qui ne prend guère meilleur marché qu'eux, près d'un siècle plus tard, heureuse civilisation !

A notre droite la rue de la Salle; à notre gauche la rue Collignon.

La rue de la Salle (rue de Brutus en 1793), ne rappelle rien que l'aspect d'une vieille rue de Paris en 1830. La rue Collignon rappelle le nom d'un bienfaiteur de l'hospice, l'abbé Jean-Jacques Collignon, curé de Saint-Germain, qui légua à l'hospice la somme de 4,000 fr., soit 200 fr. de rente.

Sur notre gauche, un cloaque, la *rue Sansonnet*, puis, nous nous retrouvons dans la rue Neuve-de-l'Église que nous avons déjà parcourue au commencement de cet ouvrage.

Nous suivrons un instant la rue Neuve-de-l'Église jusqu'à la rue des Louviers :

A l'entrée d'une forêt de l'importance de celle de Saint-Germain, la louveterie devait être en grand honneur; il était nécessaire en effet, pour préserver les chasses réservées de la présence des *bêtes puantes*, d'avoir un service de louveterie bien organisé; nous pensons donc que c'est à l'hôtel où se rassemblaient les *louviers*, ou plutôt louvetiers, que cette rue doit son nom.

A droite la rue des Écuyers, dont l'étymologie doit être analogue; dans cette rue est un hôtel habité depuis de longues années par M. le comte de Beaurepaire, allié à la famille de Breuvery; cette habitation est bien connue des pauvres qui y ont été de tout temps largement secourus.

La rue des Écuyers, pendant la Terreur, portait le nom de *rue des Piques*.

Continuons à suivre la rue des Louviers jusqu'à son débouché sur la place du Vieux-Marché que nous connaissons, et nous bornerons là nos excursions à travers les rues de la ville.

Nous terminerons enfin ce chapitre en reproduisant quelques faits historiques qui paraissent se rattacher à plusieurs de nos voies publiques.

La rue Lemierre. — Lemierre, né en 1723, mort en 1792, à soixante-dix ans, est l'auteur d'*Hypermnestre*, de *Guillaume Tell*, de la *Veuve du Malabar*, etc., etc. Lemierre était un excellent homme, mais un original qui avait été constamment dans la misère. Il venait religieusement de Paris à Saint Germain

8.

à pied, afin de ne rien prélever sur ses droits
d'auteur dans ses pièces, qui formaient son
unique revenu. C'était un excellent fils; il
apportait chaque jour à sa mère qui habitait
cette ville, pour la faire vivre, le fruit de ses
économies, quelque temps qu'il fasse et quelque
âge qu'il eût.

Rue Molière. — On sait que Molière et sa
troupe venaient quelquefois jouer à Saint-Germain; « ils ont couché à Saint-Germain, dit
une vieille chronique, le 11 novembre 1668,
pour venir jouer au chasteau par ordre du Roy
à l'occasion de la Saint-Hubert, et Molière a
reçu la somme de 440 livres.

La rue du Poteau-Juré se nommait en 1664
rue du *Pont-aux-Pâtures;* depuis, elle s'est
appelée rue du *Pont-aux-Jurés,* parce que
c'était là, dit-on, que les jurés tenaient leurs
séances et jugeaient les contestations que l'on
portait devant eux.

La rue d'Alsace, qui s'appelait rue Louis-
Philippe sous la monarchie de juillet, et rue
Napoléon sous le deuxième empire, est remarquable par le luxe de ses habitations; malheureusement la proximité du magasin à fourrage
peut faire naître des appréhensions d'incendie.

L'hôtel de Noailles, dont nous avons fait une sommaire description au commencement de ce livret, a été partagé en deux par la rue d'Alsace. Nous avons eu la bonne fortune de visiter tout dernièrement celui des deux pavillons qui appartient actuellement à M. Carel, ancien négociant de notre ville, et, en notre qualité d'archéologue, nous l'avons sincèrement félicité pour le bon goût qu'il a apporté à la restauration de cette partie de l'hôtel.

Répandant l'argent à pleines mains, M. Carel a restitué les boiseries, les sculptures, les peintures, les tapisseries et l'ameublement dans le goût du temps, si bien qu'en visitant ce pavillon, on croit toujours voir apparaître la grande ombre des anciens seigneurs de ce lieu.

L'autre pavillon, appartenant à M. Langlois, est aussi fort bien approprié; le parc surtout est très remarquable.

L'Hôtel des Invalides à Saint-Germain

Dans la rue de Lorraine, au point où elle se bifurque et forme deux rues, est une maison à fronton, au milieu duquel se trouve un œil-de-bœuf qui paraît avoir renfermé jadis une horloge; c'est là où cinquante sous-officiers invalides furent logés le 1er mai 1777, pour contenir la population de la ville, qui s'était soulevée à cause du prix élevé des grains et farines. Cette *émotion* dura huit jours entiers, et après son apaisement, les invalides restèrent définitivement à Saint-Germain jusqu'en 1789, époque où ils furent désarmés et dispersés par la population.

Ci-dessous, nous reproduisons les dénominations que plusieurs rues de la ville ont reçues lors de la première Révolution :

Rue Saint-Pierre, — rue Guillaume Tell.

Rue de l'Intendance, — rue de Scévola.

Rue de Noailles, — rue Beaurepaire.

Rue de la Procession, — rue Lepelletier.

Rue aux Prêtres, — rue des Réformés.

Rue Saint-Jacques, — rue de l'Égalité.

Rue Saint-Christophe, — rue de la Liberté.

Rue de Pologne, — rue Jean-Jacques Rousseau.

Rue de la Paroisse, — rue de la Surveillance.

Rue Neuve-de-l'Église, — rue des Droits-de-l'Homme.

Rue de l'Aigle-d'Or, — rue de la Montagne.

Place du Château, — place de la Fraternité.

Place de la Croix-Dauphine, — place de la Réunion.

Place Royale, — place de la Révolution.

Place Saint-Pierre, — place de l'Abondance.

Place du Cimetière, — place de la Loi.

Porte Dauphine, — porte Champêtre.

Grille Royale, — grille Nationale.

Cour des Trois-Rois, — cour des Sans-Culottes.

Cul-de-sac du Marché, — impasse de la Carmagnole.

Et pour couronner dignement l'édifice, le 22 octobre 1793, (1er brumaire an II), le conseil municipal de « *Montagne du bon Air,* » considérant que le *bonnet rouge* est l'emblème de la liberté, enjoint à tous ses membres de se couvrir de cet ornement pendant les séances officielles (*Précis historique*).

Noms des principales rues de Saint-Germain par ordre alphabétique.

A

Aigle d'or (rue de l').
Alger (rue d').
Alsace (rue d').
Arcades (rue des).
Ayen (rue d').

B

Basse Trompette (rue).
Bergette (rue).
Bonnemain (rue).
Bons enfants (rue des).
Boufflers (ruelle de).
Boulingrin (avenue du).
Breuvery (rue de).

Bûcherons (rue des).
Buzot (ruelle du).

C

Campan (rue).
Catinat (rue).
Château (place du).
Coches (rue des).
Collignon (rue).
Croix-Boissière (rue).

D

Danès (rue).
Descartes (rue).
Duguay-Trouin (rue).

E

Ermitage (rue de l').
Écuyers (rue des).
Étang (rue de l').

F

Farine (rue à la).
Fourqueux (rue de).

G

Gast (rue du).
Gaucher (rue).
Grand-Champ (rue de).
Grande-Fontaine (rue de
la).

H

Hennemont (rue d').
Hennemont (r. neuve d').
Hennemont (rue N.-D.d').
Henri IV (rue).

J

Jadot (rue).
Joueries (rue des).

L

Larcher (cour).
Lemierre (rue).
Lavoirs (rue des).
Lion d'argent (cour du).
Loges (avenue des).
Lorraine (rue de).
Louis XIV (place).
Louviers (rue des).
Larochejaquelin (rue).

M

Maison verte (rue de la).
Molière (rue).
Mantes (rue de).
Monts-Grévés (rue).
Mantes prolongée (r. de).
Moulin-à-vent (rue).
Marais (rue des).
Marché-Neuf (rue du).
Mareil (rue et place de).
Médicis (rue de).
Midi (rue du).
Miettes (rue aux).

N

Noailles (rue de).
Neuve de l'église (rue).

O

Orangerie (rue de l').
Ourches (rue d').

P

Pain (rue au).
Paris (rue de).
Paroisse (rue et pl. de la).
Pierre Corneille (rue).
Poissy (rue de).
Pologne (rue de).
Pontoise (rue de).
Poteau-juré (rue du).
Prêtres (rue aux).
Prieuré (rue du).
Procession (rue de la).

Q

Quinault (rue).

S

Saint-Christophe (rue).
Saint-Jacques (rue).
Saint-Léger (rue).
Saint-Louis (rue).
Saint-Pierre (rue).
Saint-Thomas (rue).
Salle (rue de la).
Schnapper (rue).
Sansonnet (rue).
Surintendance (r. de la).
Syrènes (cour des).

T

Thiers (rue).

Tourville (rue de).
Trois rois (cour des).
Trompette (rue).
Turenne (rue de).

U

Ursulines (rue des).

V

Vauban (rue).
Verrerie (rue de la).
Versailles (rue et côte).
Vieil-Abreuvoir (rue du).
Vieux-Marché (rue du).
Vieilles-Boucheries (rue des).
Villars (rue de).
Villette (rue de la).

HOTELS ANCIENS

Pendant le séjour de la cour à Saint-Germain, la foule des seigneurs était nombreuse
et pressée autour du roi, qui lui-même n'était
pas très bien logé dans le vieux château. Toute
la ville de Saint-Germain s'est ressentie de
cette gêne, les maisons construites trop près
les unes des autres, se ressentent encore aujour-
d'hui de ce pêle-mêle d'hôtels qui cherchaient
à se rapprocher de la résidence royale. Ce n'est
guère que dans les nouveaux quartiers du Château-neuf et de Noailles, que l'on peut espérer

respirer un air pur et jouir de la vue des jardins.

Voici les noms des anciens hôtels, ainsi que l'emplacement où ils existaient; on consultera avec fruit à cet égard le nouveau plan de la ville que vient de faire paraître M. Henri Pillot, géomètre[1].

1. L'hôtel de Noailles, rue d'Alsace, dont nous avons donné quelques descriptions.

2. L'hôtel d'Aumont qui s'élevait en face du précédent, et que le maréchal de Noailles acheta et démolit pour dégager l'entrée de son hôtel.

3. L'hôtel de Gordes, rue de Noailles et rue de Lorraine, 24.

4. L'hôtel de Vendôme, rue de Pontoise, 26.

5. L'hôtel de la Religion, rue de Lorraine et rue de Pontoise.

6. L'hôtel de Créquy, l'hôtel de Bullion, mêmes rues.

7. L'hôtel de Gèvres, au coin de la rue des Bûcherons, 9 et 11, et de la rue de Pontoise.

8. L'hôtel de Mennevillette, rue des Bûcherons, 5, au coin de la rue de Lorraine.

9. L'hôtel de Lorges, rue de Lorraine, 25.

10. L'hôtel de Furstemberg, rue Saint-Thomas, 12.

1. Ce plan est en vente chez M. Boistel, libraire rue au Pain.

11. L'hôtel de Longueville, même rue, 8 et 10, et rue de Lorraine.

12. L'hôtel de Richelieu, rue des Bûcherons, 1 et 3, et rue Saint-Thomas, 2, 4 et 6.

13. L'hôtel de Bouillon, actuellement hôtel Charrost, rue Neuve-de-l'Église, 16.

14. L'hôtel de Villacerf, même rue, 14.

15. L'hôtel de Lorraine, rue de Pontoise, 24.

16. L'hôtel de la Rochefoucault, actuellement l'hôtel de ville, rue de Pontoise, 16.

17. L'hôtel de Reims, même rue et rue des Bûcherons, 10.

18. L'hôtel de Coislin, rue de Pologne, 3.

19. L'hôtel de Turenne, rue de la Paroisse, 5, et rue des Bons-Enfants, actuellement hôtel du prince de Galles.

20. L'hôtel de Duras, rue des Écuyers, 11 et 13, et partie du jardin de l'hospice.

21. L'hôtel de Soissons, aujourd'hui Saint-Thomas.

22. L'hôtel d'Auvergne, rue des Écuyers, 7.

23. L'hôtel de Souches, même rue, n° 3, en face Saint-Thomas.

24. L'hôtel d'Avaray, même rue, n° 1, à l'angle de la rue des Louviers.

25. L'hôtel de Tilladet, rue des Louviers, 5.

26. L'hôtel de la Vrillière, rue Neuve-de-l'Église, où sont établies la Prison et la Justice de paix.

27. L'hôtel d'Effiat, place de la Paroisse, 4.

28. L'hôtel de la Motte, rue de la Salle, 15.

29. L'hôtel de Chaulnes, même rue, n° 18.

3o. L'hôtel de Condé, même rue, n°s 24 et 26.

31. L'hôtel de Guise, rue des Coches, 15, et rue de la Salle, 3o.

32. L'hôtel de Villeroy, rue de la Salle, 32.

33. L'hôtel de Lauzun, rue du Vieil-Abreuvoir, 17 et 19.

34. L'hôtel de Saint-Aignan, rue du Vieil-Abreuvoir, 6, et rue de l'Aigle-d'Or.

35. L'hôtel de Montausier, rue du Vieil-Abreuvoir, 8, et rue de l'Aigle-d'Or.

36. L'hôtel de la Feuillade, rue du Vieil-Abreuvoir, 10.

37. L'hôtel de Seignelay, rue du Jeu de Paume.

38. L'hôtel du Luxembourg, même rue.

39. L'hôtel du Maine, idem.

40. L'hôtel de Créquy, depuis hôtel du District, rue de Paris, 12.

41. L'hôtel de Rohan et de la Vieuville, rue des Ursulines, 40.

42. L'hôtel de Barbézieux, même rue, 42 (Nativité).

43. L'hôtel de Louvois et de Saint-Pouange, même rue, 44, 46, 48 et 5o.

44. L'hôtel de Stoupe (ou de Stuppa, colonel général des gardes suisses de Louis XIV), rue

de Pologne, 91, à l'angle de la rue du Moulin-à-vent.

45. L'hôtel d'Aligre, même rue, traversé maintenant par la rue Jadot.

46. L'hôtel de la Chancellerie, où mourut le chancelier Pierre Séguier, en 1672, rue de Pontoise, 5.

47. L'hôtel du fermier du roy, rue de Lorraine, 1.

48. L'hôtel de la Surintendance, rue de la Surintendance.

49. L'hôtel Conti, depuis auberge de l'*Épée royale*, rue de Paris, à l'angle de la rue de Versailles.

50. L'hôtel de Soubise, place du Château.

51. L'hôtel Conti, même place.

52. L'hôtel Bontemps, rue de la Surintendance, 9.

53. L'hôtel Folard, rue Saint-Pierre, 19.

54. L'hôtel Fieubet, rue des Ursulines, 2.

55. Le Grand Commun, place du Château.

PAVAGE ET ÉCLAIRAGE

. Saint-Germain, sous le rapport du pavage, bien que de grands progrès aient été accomplis depuis vingt ans, laisse encore bien à désirer; les principales voies de la ville (rues de Paris, de Poissy, de Pologne, de la Verrerie et de Pontoise), étant la continuation de routes nationales, sont laissées à l'entretien des ponts-et-chaussées, qui semble les avoir oubliées presque complètement depuis longtemps.

Quant à l'éclairage, les becs de gaz pourraient y être plus nombreux, et leur allumage continué plus avant dans la nuit, mais il faut aussi tenir compte des ressources du budget municipal. En ce qui concerne le chemin de fer, qui, pour cause d'économie a supprimé le gaz, pour lui substituer le pétrole, nous espérons que les démarches instantes de la municipalité aboutiront, et que la Compagnie en reviendra à l'ancien éclairage au gaz, à moins, ainsi qu'on nous le fait espérer, elle ne nous donne l'éclairage par l'électricité.

Le pavage de la ville de Saint-Germain ne remonte pas au delà du temps de Henri IV; avant 1788, la ville n'était pas éclairée la nuit.

ADMINISTRATION MUNICIPALE

Jusqu'en 1758, la ville de Saint-Germain fut administrée par un syndic, qui était à la nomination des habitants; en 1758, on établit un Conseil de ville composé de vingt-cinq membres, présidé par un prévôt. Par suite de l'édit de 1771, un corps municipal composé d'un maire et de quatre échevins, du procureur du roi, d'un secrétaire-greffier et d'un receveur remplaça, en 1783, le Conseil de ville, et fût remplacé lui-même, en 1789, par un Conseil municipal élu par les habitants, dont le président était changé tous les quinze jours ; enfin, en 1790, l'administration communale fut établie selon les règles fixées pour toutes les autres villes de France, par la loi du 14 décembre 1789.

Les armes de la ville de Saint-Germain sont : *d'azur à un berceau semé de fleurs de lys d'or, accompagnée au second point en chef, d'une fleur de lys d'or, et en pointe de sa date du 5 septembre 1678, de même,*

Inutile d'ajouter que cette dernière date est celle de la naissance de Louis XIV, dont l'extrait libellé ainsi que dessous, se trouve dans les registres de la paroisse de Saint-Germain :

« *Le cinquième jour de septembre 1638, naquit, dans le château-neuf de Saint-Germain-en-Laye, à onze heures un quart du matin, Monseigneur le Dauphin, fils premier né de très chrétien et très puissant monarque Louis treizième de ce nom, roy de France et de Navarre, et de très religieuse et illustre princesse Anne d'Autriche, sa très chaste et fidelle épouse ; et fût incontinent après, le même jour,*

ondoyé par révérend père en Dieu, M. Domi-
nique Virgnier, Evesque de Meaux et grand
aumônier de Sa Majesté, avec les eaux baptis-
males de la paroisse de Saint-Germain-en-
Laye, baillées et livrées par M. Gagny,
prêtre-curé de la dicte paroisse, signé : Bailly,
vicaire. » (*Extrait des registres de l'état*
civil de Saint-Germain-en-Laye.)

ADMINISTRATION JUDICIAIRE

Depuis 1124 jusqu'en 1690, la justice tem-
porelle et spirituelle d'une partie de la ville ap-
partint au prieur du monastère ; cependant,
l'autre portion de la ville, qui ressortissait du
domaine royal, était sous la juridiction d'une
prévôté qui siégea d'abord à Poissy, sous le titre
de *Chastellenie*, mais qui fut à partir de 1557,
établie à Saint-Germain.

Louis XIV réunit à son domaine la justice
seigneuriale de Saint-Germain, et Louis XV
l'installa dans l'hôtel de Vrillière, où est actuellement la justice de paix et la prison provisoire
pour les détenus de passage.

POLICE

Avant la première révolution, il y avait à Saint-Germain un lieutenant-général, un procureur du roi et un huissier qui étaient chargés de la police de la ville.

En 1795, Saint-Germain étant devenu chef-lieu de district, avait un tribunal, un accusateur public, un greffier, un commis-greffier, deux notaires, dix-huit avoués, huit huissiers et deux commissaires de police.

Aujourd'hui, un seul commissaire de police suffit au maintien de la tranquillité publique à la salubrité et à la surveillance générale.

RESSOURCES MUNICIPALES

Outre les revenus provenant des eaux, des contributions directes, etc., etc.; la branche la plus importante des ressources budgétaires de la ville est l'octroi municipal, établi en vertu d'une décision ministérielle du 12 novembre 1801.

L'octroi, mis en ferme à plusieurs reprises, fit la fortune de plusieurs particuliers; ainsi l'on constate que de 1826 à 1855, les recettes fixées d'abord à 110,000 francs, n'augmentè-

rent que d'environ 10,000 francs. Mis en régié
en 1856, l'octroi, qui en ferme rapportait
120,200 francs, sans augmentation de tarif,
produisit :

En 1856, 135,400 fr. augment. 15,200 fr.
En 1857, 145,900 id. 25,700
En 1858, 159,200 id. 39,000
En 1859, 159,100 id. 38,900

tous frais déduits!

Aujourd'hui, l'octroi rapporte annuellement
de 310 à 320,000 francs.

ADMINISTRATION FORESTIÈRE

Saint-Germain possédait, depuis les temps
les plus reculés, une capitainerie, une maîtrise
des eaux et forêts et une gruerie.

La première révolution supprima tout cela
et institua une conservation, qui avait dans
ses attributions les bois de Saint-Germain, de
Marly et du Vésinet.

Aujourd'hui, la forêt de Saint-Germain, dont
l'entretien et l'embellissement attirent tant de
visiteurs, est sous la juridiction d'un inspec-
teur.

La chasse en est louée actuellement à M. le
baron Hirchs, moyennant une redevance annuelle de 40,000 fr.

ÉTAT MILITAIRE

Le 16 janvier 1798, Saint-Germain fut classé parmi les places de guerre, et eût en conséquence un commandant de place et un commissaire des guerres; depuis cette époque, la ville n'a cessé d'avoir une garnison composée principalement de cavalerie, bien qu'il y ait une caserne construite en 1823 pour y loger de l'infanterie. Dans une des dépendances de la caserne dite du *Luxembourg,* on a établi une manutention. Enfin, les constructions militaires élevées en 1871, dans la forêt, pour y établir un camp, ne sont plus occupées aujourd'hui que par quelques faibles détachements.

CULTES

Culte catholique.

La ville de Saint-Germain comptait autrefois dix-huit églises ou chapelles; de ce nombre il n'en reste plus que sept.

Savoir : L'église paroissiale ;

La chapelle de la Charité ;

La chapelle de Saint-Thomas ;

La chapelle de la Nativité ;

La chapelle des Augustines ;

9.

La chapelle des Carmélites;

La chapelle du Château (en reconstruction).

L'église de Saint-Germain est desservie par
un curé, six vicaires et plusieurs prêtres habitués; elle est sous le vocable de saint Germain,
et de première classe, du diocèse de Versailles.

L'orgue, d'une grande puissance, a été restauré par M. Cavaillé-Coll.

Culte protestant.

Le département est divisé, pour le culte pro-
testant, en deux paroisses, celle de Versailles
et celle de Saint-Germain. La paroisse protestante de Saint-Germain, desservie par un pas-
teur, a son temple avenue des Loges.

Les arrondissements et cantons qui dépen-
dent de la paroisse de Saint-Germain sont :
Mantes, Pontoise, Argenteuil, Poissy et
Meulan.

Une chapelle protestante pour le rite angli-
can a été construite rue Henri IV, on y fait un
service tous les dimanches, à onze heures et
à quatre heures.

INSTRUCTION PUBLIQUE

Sous le rapport de l'instruction primaire, la ville de Saint-Germain n'a rien à désirer ; les écoles primaires de garçons et de filles, laïques et religieuses, ne font pas défaut ; il y a en outre pour les filles de bons externats et pensionnats. Mais, pour les jeunes gens dont les parents désirent une instruction plus étendue, il n'existe qu'une seule maison d'éducation ; nous nous empressons d'ajouter que cette institution est fort bien dirigée, et que le directeur, qui a fait ses preuves, est un homme de haute capacité. On se demande cependant pourquoi la ville de Saint-Germain, qui comporte plus de 15,000 habitants, n'aurait pas aussi son collège communal, qui a existé, nous l'avons déjà dit, sous le premier Empire ?

Nous savons bien qu'une souscription a été organisée dans ce but, mais hélas, le zèle des habitants n'a pas répondu à l'espoir qu'on avait conçu de voir se réaliser ce que leurs prédécesseurs avaient obtenu en 1812. On sait qu'à cette époque un décret impérial fut rendu sur la demande de M. Alhoy, autorisant la fondation d'un collège communal à Saint-Germain ; le grand maître de l'Université en régla l'organisation et le régime ; il fut supprimé en 1814.

ÉTABLISSEMENTS D'UTILITÉ PUBLIQUE

Poste aux lettres et télégraphe.

Le service de la poste et de la télégraphie est fort bien fait à Saint-Germain. Le bureau de la poste, situé rue Saint-Thomas, va être réuni à celui du télégraphe place du Château, hôtel Conti.

Le bureau du télégraphe privé est ouvert, pendant la saison d'été, à partir de sept heures du matin, à huit heures en hiver, et il est fermé en toute saison à neuf heures du soir.

Le bureau de la poste est ouvert, du 1er mars au 31 octobre, de sept heures du matin à sept heures du soir, et du 1er novembre au 28 février, de huit heures du matin à sept heures du soir.

Les dimanches et jours fériés, il est fermé à trois heures du soir.

Tableau de l'arrivée et du départ des courriers du bureau de Saint-Germain.

DÉSIGNATION DES BOITES ET HEURES DES LEVÉES.

NUMÉROS DES LEVÉES.	Rue d'Alsace.	Place du Marché, à la halle.	Rue de Mantes.	Place de Mareil.	Rue de Paris, gendarmerie.	Avenue du Boulingrin.	Mairie, rue de Pontoise.	Rue Saint-Thomas.	GARE.
1	7.30	7.40	7.45	7.55	8	8.5	8.15	8.30	8.50
2	9.30	9.40	9.45	9.55	10	10.5	10.15	10.30	10.50
3	1.30	1.40	1.45	1.55	2	2.5	2.15	2.30	2.50
4	3.30	3.40	3.45	3.55	4	4.5	4.15	4.30	4.50
5	7.35	7.45	»	7.55	8	8.5	8.15	8.30	8.50
6	9.30	9.40	9.45	9.55	10	1.50	10.15	10.30	»

HEURES D'ARRIVÉE DU CHEMIN DE FER DE PARIS À SAINT-GERMAIN

(Service de la semaine, les Dimanches et Fêtes. — Trains supplémentaires).

PARIS A SAINT-GERMAIN

DISTANCES en kilomètres — de Paris	— des Gares entre elles	GARES	601 Matér. facult.	641 March. facult. (Type F)	1 (Type)	603 Matér.	3	605 Matér.	607 Matér.	609 Matér.	5	7	9	643 Marchandises facultatif (Type D)	643 (Type F)	11
			mat.	mat.	mat.	mat.	mat.	mat.	mat.	mat.	mat.	mat.	mat.	jour.	jour.	soir
»		Paris (Saint-Lazare)	—	—	7.35	—	8.35	8.55	9.19	9.50	9.35	10.35	11.35	—	—	12.35
2.3	2.3	Batignolles { Gare	—	—	—	—	—	—	—	—	—	—	—	—	—	—
2.3	2.3	Batignolles { Fortifications	—	—	7.39	—	8.39	8.59	9.24	9.56	9.39	10.39	11.39	12.5	—	12.39
4.6	2.3	Asnières	—	—	7.43/44	—	8.43/44	—	—	—	9.43/44	10.43/44	11.43/44	12.9	—	12.43/44
8.9	4.3	Colombes (Embr.)	—	—	7.50	—	8.50	—	—	—	9.50	10.50	11.50	12.18	—	12.50
11.9	3.»	Nanterre	—	—	7.54/55	—	8.54/55	—	—	—	9.54/55	10.54/55	11.54/55	12.24	—	12.54/55
14.»	2.»	Rueil	—	—	7.59	—	8.59	—	—	—	9.59	10.59	11.59	12.28	—	12.59
15.2	1.2	Chatou	—	—	8.3	—	9.3	—	—	—	10.3	11.3	12.3	12.31	—	1.3
16.8	1.6	Le Vésinet	—	—	8.7	—	8.7	—	—	—	10.7	11.7	12.7	12.34	12.34	1.7
18.3	1.5	Le Pecq	6.33	7.17	8.11/14	8.39	9.11/14	—	—	—	10.11/14	11.11/14	12.11/14	12.38	42	1.11/14
20.	2.4	Saint-Germain	8.40	7.25	8.21	8.46	9.21	—	—	10.2r	10.21r	11.21	12.21	12.50	—	1.21
			mat.	mat.	mat.	mat.	mat.	mat.	mat.	mat.	mat.	mat.	mat.	jour.	jour.	soir

PARIS A SAINT-GERMAIN

DISTANCES en kilomètres de Paris	des Gares entre elles	GARES	15	17	19	51	53	21	55	57	23	25	27	29	31	33	35
			soir.	soir.	soir.	soir.	soir.	soir.	soir.	soir.	soir.	soir	soir	soir.	soir.	soir.	nuit.
»		Paris (Saint-Lazare)	2.35	3.35	4.35	5.10	5.30	5.35	5.55	6.20	6.35	7.35	8.35	9.35	10.35	11.35	12.35
2.3	2.3	Batignolles { Gare / Fortifications }	2.39	3.39	4.39	5.14	5.34	5.39	5.59	6.24	6.39	7.39	8.39	9.39	10.39	11.39	12.39
4.6	2.3	Asnières	2.43 / 44	3.43 / 44	4.43 / 44	5.18	5.38 / 45	5.43 / 45	6. 3	6.28	6.43 / 44	7.43 / 44	8.43 / 44	9.43 / 44	10.43 / 44	11.43 / 44	12.43 / 44
8.9	4.3	Colombes (Embr.)	2.50	3.50	4.50	5.23	5.43	5.51	6. 8	6.33	6.50	7.50	8.50	9.50	10.50	11.50	12.50
11.9	3.»	Nanterre	2.54 / 55	3.54 / 55	4.54 / 55	5.26	5.46	5.55 / 56	6.12 / 13	6.36	6.54 / 55	7.54 / 55	8.54 / 55	9.54 / 55	10.54 / 55	11.54 / 55	12.54
14.9	2.1	Rueil	2.59 / 3.»	3.59 / 4.»	4.59 / 5.»	5.28	5.48 / 49	6.» / 1	6.17 / 18	6.38 / 39	6.59 / 7.»	7.59 / 8.»	8.59 / 9.»	9.59 / 10.»	11.» / 1	11.59 / 12.»	1.»
15.2	1.2	Chatou	3. 3 / 4	4. 3 / 4	5. 3 / 4	5.29	5.52 / 53	6. 3 / 4	6.21 / 22	6.42 / 43	7. 3 / 4	8. 3 / 4	9. 3 / 4	10. 3 / 4	11. 3 / 4	12. 3 / 4	1. 3 / 4
16.8	1.6	Le Vésinet	3.»	4.»	5. 7	5.30	5.55	6. 7	6.25 / 26	6.45	7.»	8.»	9. 7	10. 7 / 8	11. 7	12. 7 / 8	1. 7
18.3	1.5	Le Pecq	3.11 / 14	4.11 / 14	5.11 / 14	5.32 / 35	5.57 / 6.»	6.11 / 14	6.29 / 31	6.47 / 50	7.11 / 14	8.11 / 14	9.11 / 14	10.11 / 14	11.11 / 14	12.11 / 14	1.11 / 14
20.	2.4	Saint-Germain	3.21	4.21	5.21	5.42	6. 7	6.21	6.38	6.57	7.21	8.21	9.21	10.21	11.21	12.21	1.21
			soir.	soir.	soir.	soir.	soir.	soir.	soir.	soir.	soir.	soir.	soir.	soir.	soir.	nuit.	mat.

(2). — Les voyageurs porteurs de cartes d'abonnement ou de billets pris à l'avance, sont admis aux gares intermédiaires, dans les Trains nos 33 et 35 désignés comme laissant des voyageurs sans en prendre.

HEURES DE DÉPART DU CHEMIN DE FER DE SAINT-GERMAIN À PARIS

SAINT-GERMAIN À PARIS

DISTANCES en kilomètres — de Paris	des Gares entre elles	GARES	2	4	50	6	52	8	54	10	12	14	16	642 Marchandises facultatif — Type F	642 — Type D	18	20
			mat.	mat.	mat.	mat.	mat.	mat.	mat.	mat.	mat.	mat.	jour.	soir.	soir.	soir.	soir.
20.7		Saint-Germain	6.15	6.55	7.30	7.55	8.30	8.55	9.30	9.55	10.55	11.55	12.55	1.40	—	1.55	2.25
18.3	2.4	Le Pecq	6.22 / 26	7.2 / 6	7.37	8.2 / 6	8.37	9.2 / 6	9.37	10.2 / 6	11.2 / 6	12.2 / 6	1.2 / 6	1.48	1.48	2.2 / 6	3.2 / 6
16.8	1.5	Le Vésinet	6.29 / 30	7.9 / 10	7.40	8.9 / 10	8.40	9.9 / 10	9.40	10.9 / 10	11.9 / 10	12.9 / 10	1.9 / 10		2.36	2.9 / 10	3.9 / 10
15.2	1.6	Chatou	6.33 / 34	7.13 / 14	7.42	8.13 / 14	8.42	9.13 / 14	9.42	10.13 / 14	11.13 / 14	12.13 / 14	1.13 / 14		2.40	2.13 / 14	3.13 / 14
14.»	1.2	Rueil	6.36 / 37	7.17 / 18	7.46	8.17 / 18	8.46	9.17 / 18	9.46	10.17 / 18	11.17 / 18	12.17 / 18	1.17 / 19	2.43	2.43	2.17 / 18	3.17 / 18
11.9	2.1	Nanterre	6.40 / 41	7.22 / 23	7.50	8.22 / 23	8.50	9.22 / 23	9.50	10.22 / 23	11.22 / 23	12.22 / 23	1.23 / 24	2.46	2.46	2.22 / 23	3.22 / 23
8.9	3.»	Colombes (Embr.)	6.45	7.28	7.53	8.28	8.53	9.30	9.53	10.28	11.28	12.28	1.30	2.50	2.50	2.28	3.29
4.6	4.3	Asnières	6.51 / 52	7.34 / 35	7.57	8.34 / 35	8.57	9.36 / 37	9.57	10.34 / 35	11.34 / 35	12.34 / 35	1.36 / 37	2.57	2.57	2.34 / 35	3.34 / 35
3.4	1.2»	Pont de Neuilly												3.6	3.10		
2.3	1.1	Remblai de Clichy												3.12	3.12		
		Batignolles { Fortifications															
0.3	2.3	Batignolles { Gare	6.56	7.39	8.1	8.39	9.1	9.41	10.1	10.39	11.39	12.39	1.41	3.28	3.28	2.39	3.39

de Paris	des Gares entre elles	GARES	602 Matér.	22 soir.	604 Matér.	606 Matér.	24 soir.	56 soir.	26 soir.	608 Matér.	28 soir.	610 Matér.	30 soir.	32 soir.	34 soir.	36 soir.
20.7		Saint-Germain		3.55			4.55	5.32	5.55	6.45	6.57	7.30	7.55	8.55	9.55	11.»
18.3	2.4	Le Pecq		4.2			5.2	5.39	6.2	6.52	7.4	7.37	8.2	9.2	10.2	11.7
16.8	1.5	Le Vésinet		4.6			5.6	5.43	6.6				8.6	9.6	10.6	11.11
15.2	1.6	Chatou		4.10			5.10	5.45	6.9		7.12		8.9	9.9	10.9	11.14
14.»	1.2	Rueil		4.13			5.13	5.47	6.13		7.16		8.13	9.13	10.13	11.18
11.9	2.1	Nanterre		4.17			5.17	5.51	6.17		7.20		8.17	9.17	10.17	11.22
8.9	3.»	Colombes (Embr.)		4.22			5.22	5.55	6.22		7.25		8.22	9.22	10.22	11.27
4.6	4.3	Asnières		4.28			5.29	5.58	6.29		7.30		8.27	9.28	10.27	11.34
	1.2	Pont de Neuilly		4.34			5.35	6.2	6.36		7.36		8.34	9.34	10.34	11.40
		Remblai de Clichy / Fortifications		4.35			5.37		6.37		7.37		8.35	9.35	10.35	11.42
3.4	1.1	Gare (Batignolles)	3.49	4.39	5.10	5.20	5.41	6.6	6.41		7.41	7.41	8.39	9.39	10.39	11.46
	2.3	Paris (Saint-Lazare)	3.55	4.43	5.15	5.25	5.45	6.10	6.45		7.45	7.45	8.43	9.43	10.43	11.50

VOITURES PUBLIQUES

On trouve en tout temps des voitures de louage très confortables sur la place du Château.

En voici le tarif :

Tarif des voitures de place.

Arrêté municipal du 8 mai 1874, approuvé par arrêté préfectoral du 27 du même mois.

SUR TOUTE L'ÉTENDUE DU TERRITOIRE DE SAINT-GERMAIN EN LAYE	VOITURES à 1 ou 2 chevaux
La Course. — Dans Saint-Germain, à l'intérieur des barrières d'octroi :	
En semaine..........................	1 fr. 25
Les dimanches et les quatre grandes fêtes....	1 fr. 50
Prix de l'Heure à l'intérieur des barrières :	
En semaine..........................	2 fr. »
Les dimanches et les quatre grandes fêtes....	2 fr. 50
Dans toute l'étendue de la **Commune** et de la **Forêt** :	
En semaine..........................	2 fr. 50
Les dimanches et les quatre grandes fêtes....	3 fr. »

Arrêté préfectoral du 27 Mai 1874

COMMUNES ENVIRONNANTES
Dans un rayon de 15 kilomètres :

L'Heure en semaine........................	2 fr. 50
id. Dimanches et les quatre grandes fêtes.	3 fr. »

TABLEAU *des distances de Saint-Germain aux Communes, Hameaux, Écarts ou les Cochers sont tenus de conduire les Voyageurs.*

Les Loges....... kilom.	3	L'Etang......... kilom.	4
Station de Conflans......	7		
Conflans Ste-Honorine...	10	Marly-le-Roi...........	5
Achères..............	9	Bailly...............	8
		Saint-Cyr............	13
Poissy	6	Port-Marly.	3
Triel................	11	Louveciennes..........	6
Mignaux.............	8	Rocquencourt..........	9
Chanteloup...........	11	Le Chesnay...........	10
Carrières-sous-Poissy...	8	Versailles............	13
Andrésy.............	12	Vaucresson	12
Maurecourt...........	13	Garches..............	14
Villennes	9	Bougival......	6
Médan...............	11	La Celle.............	12
Vernouillet...........	13	Rueil................	9
Verneuil..............	14		
		Le Pecq..............	1
Chambourcy...........	5	Vésinet..............	4
Aigremont.............	7	Chatou...............	6
Maladrerie............	6	Nanterre.......	9
Orgeval et dépendances.	10		
Les Alluets...........	14	Montesson	5
Morainvilliers..........	13	Carrières-Saint-Denis....	8
Bures................	13	Bezons...............	11
Equevilly.............	15	Houilles	9
Sainte-James..........	11	Argenteuil	14
Feucherolles..........	12	Sartrouville..........	10
		Cormeilles-en-Parisis ...	15
Fourqueux............	4	La Frette.............	13
Saint-Nom-la-Bretèche ..	8		
Villepreux et station....	11	Carrières-sous-Bois......	3
Noisy-le-Roi...........	11	Mesnil	5
Mareil...............	4	Maisons..............	7

Lorsqu'un Voyageur, sorti de Saint-Germain, renverra la voiture, le retour sera payé au Cocher en raison du temps nécessaire pour parcourir la distance indiquée au tableau ci-dessus.

Les Cochers pris pour sortir de Saint-Germain, sont tenus de faire marcher leurs chevaux à raison de 8 kilomètres à l'heure, et ne pourront être forcés à se rendre à plus de 15 kilomètres de la place de station.

Les réclamations peuvent être transmises à M. le Commissaire de police ou au surveillant des voitures sur la place de stationnement.

Omnibus.

Service de la Poste aux chevaux, rue de Paris, 66, 68.

M. Legrand, maître de poste : chars à bancs, landaus, calèches, postillons.

Omnibus de *Saint-Germain à Poissy :* départs de Saint-Germain, le matin : 7 h., 8 h. 30, 9 h. 30, 11 h. 30 ; le soir : 12 h. 30, 2 h. 30, 3 h. 30, 5 h. 30, 7 h. 30, 9 h. 30. Départs de Poissy, le matin : 7 h. 10, 8 h. 10, 9 h. 35, 11 h. 10 ; le soir : 1 h. 10, 2 h. 10, 4 h. 10, 5 h. 10, 8 h. 10, 9 h. 35.

Prix des places : 50 centimes.

Omnibus de *Saint-Germain à Versailles :* départs de Saint-Germain : 8 h. 30, matin, 1 h. 30 et 5 h. 30 du soir. Départs de Versailles : 10 h. 30 matin, 3 h. 30 et 7 h. 30 du soir.

Prix des places : de Saint-Germain à Port-Marly 35 c.; à Saint-Fiacre 50 c.; à Louveciennes 75 c.; à Rocquencourt 1 fr.; à Versailles 1 fr. 25; de Versailles au Chesnay 35 c.; à Roquencourt 50 c. à Louveciennes 60 c.; à Port-Marly 1 fr.; à Saint-Germain 1 fr. 25. — Bureaux à Saint-Germain, 66, rue de Paris; à Versailles au restaurant, hôtel du *Cheval-Blanc,* au Marché.

Omnibus de *Saint-Germain à Chambourcy :* départs de la gare de Saint-Germain : 8 h. 30 et 10 h. 30 du matin, 5 h. 30 du soir. — Départs de Chambourcy : 9 h. 15 et 11 h. 15 du matin, 5 h. 15 du soir. Prix des places : 40 centimes la semaine; 50 centimes dimanches et fêtes.

Omnibus de *Saint-Germain à l'Étang-la-Ville :* départs de Saint-Germain : 6 h. 30 du matin. — De la gare du Pecq : 9 h. 20 matin, 5 h. 45 soir. — De l'Etang-la-Ville : 7 h. 15, 11 h. 15 matin; 7 h. 15 du soir. Prix des places : 50 centimes.

Service entre Saint-Germain et Maisons.

Bureaux : à Saint-Germain, rue de Pologne, 39, à Maisons, avenue Longueil. Départs de Saint-Germain: 8 h. 30, 11 30 du matin; 2 h. 30, 4 h. 30, 7 h. 30 du soir. — Départs de Maisons : 7 h., 9 h. 50 du matin; 1 h., 3 h. 30 et 7 h. 50 du soir. Prix des places de Maisons au Mesnil 25 c.; à Carrières 40 c.; à Saint-Germain 70 c.

FOIRES ET FÊTES

La ville de Saint-Germain a trois foires ou fêtes annuelles : la fête de saint Germain de Paris, celle de saint Louis, roi de France, et celle des Loges ou de saint Fiacre, patron des jardiniers.

La fête de saint Germain se tient sur le Parterre, dure trois jours et commence le dimanche qui suit le 28 mai, ou le dimanche d'après, lorsque le premier se trouve être le jour de la Pentecôte, fête de Nanterre, où l'on couronne une rosière.

La fête de saint Louis se tient aussi sur le Parterre, et commence le dimanche qui suit le 25 août. Elle dure trois jours.

La fête des Loges ou de saint Fiacre dure aussi trois jours et commence le dimanche qui suit le 30 août, dans la forêt de Saint-Germain, devant la maison nationale des Loges.

SOCIÉTÉS DIVERSES ET ASSOCIATIONS

Sous ce rapport, la ville est assez bien partagée; les sociétés de toute espèce ne manquent pas, mais ce sont presque toutes des sociétés de bienfaisance; la charité est en grand honneur à Saint-Germain. Nous désirerions cependant qu'il soit fait une part plus large aux réunions scientifiques, artistiques et littéraires, dont l'absence est remarquée, tandis qu'à nos portes, pour ainsi dire, ces sociétés ne font pas défaut.

Nous donnons ci-dessous la nomenclature des sociétés et associations qui existent actuellement à Saint-Germain :

1. Société philadelphique de secours mutuels, ayant une agrégation de femmes.

2. Société fraternelle et militaire, pour les anciens officiers.

3. Société de secours mutuels de Saint-François-Xavier.

4. Société d'horticulture, ayant une exposition florale annuelle.

5. Société de Saint-Fiacre, pour les maraîchers, horticulteurs et jardiniers.

6. Société de la musique municipale, sous la direction de M. Carlos Allard, son chef fondateur.

La musique municipale de Saint-Germain, quoique composée en majeure partie d'employés et d'ouvriers de la ville, est remarquable par l'excellente exécution de ses morceaux d'harmonie; elle attire chaque dimanche sur le parterre, où elle donne ses concerts, une foule d'habitants et d'étrangers pendant la belle saison.

7. La chorale Mansion, sous la direction de M. Louis Régley, est aussi fort remarquable pour la bonne exécution de ses chœurs; sa bannière, ainsi que celle de la musique municipale, est constellée de médailles d'or et d'argent.

8. Le cercle de Saint-Germain est une assemblée littéraire qui possède une bibliothèque.

9. Le cercle catholique d'ouvriers rassemble une grande quantité de jeunes gens et d'ouvriers de la ville.

10. La Loge maconnique, placée sous l'obédience du Grand-Orient.

11. La bibliothèque populaire.

12. La Société de Saint-Vincent-de-Paul.

13. L'Association de Saint-Louis-de-Gonzague.

14. La Société des fêtes et des arts.

Orphelinat de jeunes garçons, rue de Lorraine, 24.

Cet établissement de bienfaisance est soutenu par la charité privée; il est sous la direction d'un conseil d'administration et d'un comité de dames patronesses.

Cet établissement ne se soutient que par la souscription annuelle de ses membres, dont le minimum est de six francs par an, par une subvention de la ville, la charité privée et les recettes des solennités religieuses ou publiques, telles que sermons, messes en musique, concerts et loteries.

Trois sœurs de Saint-Vincent-de-Paul dirigent l'orphelinat ; les enfants sont admis dès l'âge de sept ans ; ils sont au nombre de 24 au minimum ; on les met en apprentissage après leur première communion, sous le patronage d'un membre du conseil d'administration.

Crèche pour les petits enfants.

Indépendamment de l'asile municipal pour les enfants en bas âge, il s'est formé, à Saint-Germain, une association pour l'établissement d'une crèche ; l'œuvre est sous le patronage de M. le curé, président, et d'un conseil de douze membres chargé de l'administration. Un comité de douze dames conseillères et de vingt-quatre dames inspectrices préside aux soins maternels et à tous les détails relatifs à l'admission et à la surveillance.

La crèche, qui est ouverte de 6 heures du

matin à 8 heures du soir, reçoit en moyenne de trente à trente-cinq enfants par jour.

La direction en est confiée à deux sœurs de Saint-Vincent-de-Paul, assistées de deux infirmières laïques.

RENSEIGNEMENTS STATISTIQUES

Voici, pour l'année 1878, quelle a été la consommation des denrées de bouche à Saint-Germain :

885,075 kil. de viande de bœuf et vache.
182,524 — de viande de veau.
309,439 — de viande de mouton.
3,000 — de viande d'agneau.
228,460 — de viande de porc non salée.
53,957 — de poisson de mer non salé.
1,001 — de saumons, turbots et barbues.
1,764 — de langoustes et homards.
3,869 — d'huîtres.
277 — de truffes et pâtés truffés.
4,024 — fruits secs de table.
13,147 — citrons et oranges.
5,881 — fruits, conserves, marinades et sardines.
1,234 lièvres.
8,308 lapins de garenne.
568 faisans.

2,593 perdrix et perdreaux.

3,068 oies grasses.

1,819 dindes et dindonneaux.

42,015 poulets, pigeons et canards.

On voit, d'après cet exposé *pantagruélique*, que les bons habitants de Saint-Germain ne sont pas des gens à se laisser mourir de faim.

SCIENCES ET ARTS

La ville de Saint-Germain compte un assez grand nombre d'artistes peintres et musiciens parmi ses habitants; la dernière exposition, faite au château par les soins de la Société des fêtes, a pu faire juger du mérite de chacun d'eux.

Les concerts particuliers, les solennités religieuses, où l'on entend généralement d'excellente musique, interprétée par des voix d'homme et de femme qui ne le cèdent en rien à celles de nos grandes scènes lyriques, attestent que la musique est aussi bien en honneur à Saint-Germain que la peinture et le dessin.

Les sciences, dont l'étude est plus abstraite, paraissent avoir moins d'adhérents; mais comme il est dans les habitudes des hommes d'étude de rechercher le silence, l'isolement et la solitude, on ne peut émettre que des conjectures à cet égard.

Cependant, la présence à Saint-Germain d'un musée archéologique comme il n'y en a peut-être pas deux dans le monde entier, aurait pu, ce nous semble, faire naître dans notre population quelques goûts archéologiques.

Il faudrait pour cela, et pour suppléer à la sécheresse des indications sommaires de l'étiquetage des richesses lithoples du musée, que quelqu'un se dévouât, afin d'expliquer au vulgaire l'usage et la destination des pierres travaillées des salles n°ˢ I et II.

Quelques conférences faites sur ce sujet aux enfants de nos écoles, ainsi qu'aux ouvriers de nos carrières, si riches en fossiles, auraient amené le goût des recherches, et il ne serait plus arrivé, ainsi qu'on le voit si fréquemment, de jeter au tombereau les débris fossiles qu'on trouve en si grand nombre dans notre sol, et qui sont entièrement perdus pour la science.

Ce goût étant développé, on verrait bientôt se former chez nous, à l'imitation de beaucoup d'autres villes moins importantes, un petit comité d'abord, puis enfin une société d'archéologie et de géologie, à laquelle on pourrait rattacher aussi une section d'histoire et une de géographie.

Sous ce rapport, on le sait, nous sommes

encore fort au-dessous de certaines nations
étrangères ; nous devrions faire tous nos
efforts pour ne pas rester plus longtemps en
arrière.

ÉTUDES SOUTERRAINES A SAINT-GERMAIN ET AUX ENVIRONS

Géognosie du plateau de Saint-Germain.

Le plateau qui porte la ville et la forêt de
Saint-Germain, et qui occupe presque toute
l'étendue du cap, n'est séparé du fleuve que par
une plaine basse et étroite ; sa pente, au sud et
à l'est, est escarpée, et souvent coupée à pic,
tandis qu'au nord et à l'ouest, elle descend
insensiblement vers la Seine. L'uniformité de
la surface de ce plateau n'est interrompue que
par quelques mamelons peu élevés.

Le plateau de Saint-Germain offre deux *for-
mations* principales de terrain : le *sol d'atterrissement*, qui couvre ses parties basses, et le
calcaire grossier marin, qui constitue toutes
les parties élevées.

Le sol d'atterrissement s'étend, à l'ouest, sur
les plaines de la Grange - Saint - Louis et
d'Achères; au nord, sur la plaine de Garennes
et sur une partie de la forêt, depuis le bord de
la Seine jusqu'aux environs de la route fores-

tière de Monclar; à l'est, sur toute la plaine
entre la pente du plateau et de la rivière; et
sud-est, sur toute la partie du canton qui porte
le bois du Vésinet et les communes de Chatou
et de Croissy. Ce limon, d'épaisseur très variable, brunâtre près de la rivière, de sable fin
dans son milieu, et de gros sable ou même de
cailloux roulés vers le pied du coteau, renferme
sur plusieurs points des blocs assez considérables de grès et de meulière qui sont épars,
ainsi que des morceaux de granit et d'autres
roches primitives. On trouve dans ce terrain
des parties de bois silicifié, des ossements et des
dents d'éléphant (*elephas primigenius*), de
bœuf (*bos primigenius*), du grand cerf d'Ir-
lande (*megaceros hibernicus*), de l'hippopo-
tame (*hippopotamus major*) et du rhinocéros
(*rhinoceros tichorhinus*). Nous avons aussi
trouvé dans les sablières du Pecq et de Poissy
de nombreux silex taillés par la main de
l'homme.

Superposition des couches sur lesquelles repose
le plateau de Saint-Germain.

1º Formation de sable sans coquilles, qui
recouvre aussi tout le sommet de la colline de
Louveciennes, au sud de Saint-Germain ; cette
formation est sur plusieurs points surmontée

10.

par des bancs minces d'argile parsemée de meulière.

2° Sable jaune argileux sans coquilles ;

3° Sable plus argileux ;

4° Sable noirâtre très argileux, renfermant des nodules de silex roulés, blanchâtres et opaques ;

5° Formation marine qui recouvre quelques rares lentilles de gypse ;

6° Marne noirâtre argileuse, sableuse et un peu calcaire, dans laquelle se montrent parfois des ossements de quadrupèdes ;

7° Marne calcaire renfermant des huîtres fossiles ;

8° Marne calcaire compacte ;

9° Marne argileuse ;

10° Marne argileuse verte à peine effervescente ;

11° Marne calcaire très compacte.

Formation gypseuse.

Le gypse, et par conséquent la formation d'eau douce qui se trouve au-dessous de ces marnes, dans l'ordre de superposition du *terrain parisien*, manque absolument dans le canton que nous décrivons ; cependant on en trouve de très minces couches sur le penchant du plateau de Louveciennes, mais elles sont trop pauvres pour être exploitées.

La formation du calcaire grossier marin, se trouve presque à la surface du sol, sur toute la partie du plateau couverte par la forêt, depuis l'étoile du roi, au nord, jusqu'au ru du Buzot, au sud, et depuis Carrières-sous-Bois, le Mesnil et Maisons à l'est, jusqu'à la limite de la forêt, à l'ouest.

12° Calcaire marin, grenu, friable sans coquilles apparentes.

13° Calcaire marin grossier, à coquilles blanches très variées, et à fer chloriteux granulaire.

Formation de sable et d'argile plastique précédant la craie.

14° Argile noire sableuse, renfermant des coquilles blanches très friables (corbula et turritella), on y trouve aussi des bois charbonneux *(lignites)*, et des pyrites.

15° Argile plastique grise, marbrée de rouge, sans coquilles.

16° Craie, dont il est impossible de mesurer la puissance.

Les lieux où le géologue peut observer avec le plus de fruit les différents terrains de cette contrée, sont :

1° Pour les couches supérieures, la pente derrière Mareil, Fourqueux, Chambourcy, Aigremont et la Tuilerie ;

2o Pour le calcaire grossier, les carrières du Buisson-Richard, dans la forêt, celles de Carrières-sous-Bois, le Mesnil et Maisons-sur-Seine.

Au sud de la ville, quelques couches de calcaire friable renferment des coquilles marines fort bien conservées ; nous en avons recueilli plus de soixante espèces (c'est à peu de choses près la même *faune* qu'à Grignon).

3o Pour la craie, on visitera avec la permission du propriétaire, les belles galeries de la fabrique de blanc d'Espagne de M. Lemée, à Port-Marly, ou l'on trouve le calcaire superposé à la craie.

La carrière de M. Lemée est très riche en coquilles, échiviodermes, bélemnites, pyrites, etc., etc.

4o Enfin, pour l'exploration des alluvions anciennes de la Seine, nous recommanderons la belle sablière en exploitation de MM. Béché, au Pecq, et Dailly, à Poissy.

NIVELLEMENT DE LA VILLE

Le nivellement de la ville a été fait, sous les auspices de M. de Breuvery maire, de Saint-Germain-en-Laye ;

Ce nivellement, dont on trouve fréquemment

les points de repère dans nos rues et places publiques, est rapporté au zéro de l'échelle du pont de la Tournelle ; le niveau du zéro de cette échelle, on le sait, est situé à 26^{m}25 au-dessus du niveau moyen de la mer : il suffit donc d'ajouter la cote de 26,25, du niveau indiqué sur les plaques de repère, pour avoir les altitudes des points correspondants rapportés au niveau de l'Océan.

LES ANTIQUITÉS DE SAINT-GERMAIN
ET DES ENVIRONS

Époque dite préhistorique.

1° Le dolmen de Conflans-sainte-Honorine, dans les fossé du château.

2° Le dolmen de Marly (détruit) ;

3° Le dolmen de l'Étang-la-Ville (détruit) ;

4° Le menhir de la Haute-Pierre (détruit) ;

5° Atelier de fabrication d'outils et d'armes en silex, à *la tour aux païens* (plateau de Marly) ;

6° Atelier de silex taillé, découvert dans la cour de la pompe à feu, au Pecq (voir les échantillons au musée, salle des dolmens) ;

7° Sépultures gallo-romaines, sur la pente du plateau de Marly, le long de la route de Versailles ;

8° Sépulture et ruines romaines à **Mareil-Marly**.

Époque mérovingienne. ·

1° Pièces de monnaies, IIIe et IVe siècles, trouvées sur le plateau de Saint-Germain.

2° Ruines de la chapelle de Sainte-Rade-gonde.

Moyen âge.

1° Les restes de la chapelle de Saint-Éloy, sous la cour Larcher.

Ces restes se composent d'une salle basse, voûtée en trois travées par des voûtes d'arête, soutenues sur des arcs en ogive. Dans l'axe de cette salle, qui a 16 mètres sur 8 dans œuvre, et une élévation de 6 mètres, sous deux forts piliers ronds, avec chapiteaux présumés du XIIe siècle, recevant les arcs. Dans les murs latéraux s'ouvrent des baies qui indiquent des dépendances plus ou moins considérables. On croit pouvoir rattacher cette construction sou-terraine à la crypte d'une église ou chapelle construite en ce lieu, par un sieur Regnault-Larcher, ancien officier de Philippe-Auguste, et attaché au service du château de Saint-Germain, en 1225.

2° A deux pas de l'ancienne *porte de Mareil*, on a trouvé, sous les maisons n° 50 à 62, à une assez grande profondeur, des ruines dont on n'a pu jusqu'ici, justifier la destination.

C'est une espèce de souterrain voûté, avec arcs doubleaux en plein ceintre. La salle principale a près de 30 mètres de long, et de chaque côté sont d'autres voûtes plus petites qui correspondent avec la plus grande.

Un escalier de cinquante marches, dont l'entrée est dans l'impasse de Mareil, conduit à ce souterrain. On a pensé que ces ruines pouvaient se rattacher à la construction d'un fort, qui commandait et protégeait la vieille route de Normandie qui passait anciennement près de là.

3° Pour l'amateur d'antiquités, une course à Montaigu près de Chambourcy, n'est pas une grosse affaire, et il en sera récompensé par la vue de beaux restes gothiques sur les limites de la forêt de Marly.

Ce sont les ruines de l'ancienne abbaye de Joyenval, fondée en ce lieu par le sire Barthélemy de Retz, qui combattit *aux costés du roy*, à la bataille de Bouvines, en 1214.

« *On lit, en anciennes escriptures*, dit, à propos de Joyenval, un ancien historien, *qu'en* « *ce temps avoit ung hermite preud'homme et* « *de saincte vie, qui habitoit en ung boys, près* « *d'une fontaine, au lieu qui de présent est* « *appelé Joye-en-Val, en la chastellenie de*

« *Poissy, près Paris, auquel hermite, Clotilde,*
« *femme du roy Sainct-Loys, avoît grande*
« *fiance, et pour sa saincteté le visitoît sou-*
« *vent, et lui administroit ses nécessitez, etc.* »

En 1328, Philippe VI de Valois, par lettres
patentes datées de Saint-Germain, déclare
prendre sous sa sauvegarde et protection royale
l'abbaye de Joyenval, de l'ordre des Prémon-
trés. Cette abbaye a été vendue depuis, et il ne
reste de l'ancienne chapelle que quelques ar-
ceaux et chapiteaux gothiques, conservés par
le propriétaire actuel.

Tout à côté de Joyenval, et sur la lisière de
la forêt de Marly, se trouvait l'ancien château
de Montjoie, dont on voyait les ruines il y a
peu de temps encore. Ce château, ainsi que
ceux de Bethmont et d'Hennemont, fût brûlé
par les Anglais, sous la conduite du Prince-
Noir. Le roi Philippe VI le reconstruisit en
même temps que le couvent des Loges. Enfin,
la dernière tour de ce château a été démolie
vers 1638.

Si, de Chambourcy, ou plutôt de Montaigu,
on reprend la route nationale de Mantes, dite
route de quarante sous, on ne tarde pas à rencontrer une agglomération de maisons, dont
une est plus élevée que les autres, c'est la
« Maladrerie » dont la chapelle se reconnaît
encore aux vieilles croisées en ogive.

L'église de la léproserie de l'Hôtel-Dieu de Poissy, paraît être du xɪe siècle ; elle est assez bien conservée, quoique servant actuellement de grange pour resserrer les fourrages.

Elle est encore couverte par la voûte du chœur, qui est supportée par d'élégants faisceaux de colonnettes, portant de beaux chapiteaux sculptés à feuillages et à fleurons.

Dans le chœur, l'on aperçoit encore toutes les traces de la décoration peinte ; les murs sont ornés de refends, et les voûtes portent sur fond blanc, un semis de roses entourant un Christ et des anges, portant les instruments de la passion.

Ces peintures, qui tendent à disparaître, forment un curieux ensemble, et il serait à désirer qu'on les reproduisît, afin d'en conserver le souvenir.

Nous recommandons cette chapelle à l'attention des archéologues.

Nous terminerons enfin notre tournée d'antiquaire, en rappelant à ceux qui ne craignent pas la fatigue, que la ville de Poissy est à deux pas de la Maladrerie, et que cette localité, de très ancienne date, leur réserve des surprises fort agréables en fait de monuments des xɪe et xɪɪe siècle.

HISTOIRE ET ANECDOTES

L'ancienne cité mérovingienne de Saint-Léger-Feillancourt, actuellement dépendance de la ville de Saint-Germain en Laye.

A propos des noms de rues de notre ville, nous avons évoqué un instant le souvenir de deux grandes figures historiques : sainte Radegonde et saint Louis, qui ont habité plus ou moins longtemps cette partie de notre ville, du nom de Saint-Léger et Fillancourt.

Nous commençons naturellement par sainte Radegonde, ou Rathkunde, (en langage franck), épouse de Thierry, dont l'histoire nous a été conservée par Fortunat, le dernier représentant de la poésie latine[1].

Sainte Radegonde était fille de Berthaire, le plus jeune des trois fils de Basin roi, de Thuringe, qui avait, on le sait, favorablement accueilli Childéric dans ses Etats, lequel par reconnaissance sans doute, lui enleva sa femme Basine.

Hermenfroy, le second des fils de Basin, avait épousé Amalaberge, nièce de Théodoric, roi

---

1. La vie de sainte Radegonde a été mise en vers latins par le poète Fortunatus, c'est une des plus curieuses pages de notre histoire.

d'Italie; cette princesse, ambitieuse et altière, poussa son mari à se liguer avec Thierry, roi d'Austrasie, afin d'envahir les États de Badéric, autre frère de Berthaire et d'Hermenfroy ; Badéric fut vaincu et égorgé, puis ce fut au tour de Berthaire lui-même d'être massacré ; ses enfants furent emmenées prisonniers.

Au nombre de ces malheureux se trouvait la jeune Radegonde, qui fut élevée à la cour du meurtrier de son père.

Dans ces temps barbares, la foi jurée était peu en honneur; Hermenfroy, victorieux, ne se souciait guère de partager les dépouilles de ses frères avec le roi d'Austrasie ; mais, si le perfide avait perdu la mémoire, le franc Thierry n'était pas homme à dévorer un affront. Se liguant à son tour avec les rois d'Orléans, de Paris et de Soissons, il alla attaquer le roi de Thuringe, et fit un horrible carnage de son armée. « Le lit du fleuve Unstrütt, » disent les historiens, « fut comblé de cadavres, &t les « Francs s'en firent comme un pont effroyable « pour passer de l'autre côté. »

Dans cet immense désastre, la famille d'Hermenfroy fut exterminée et ses enfants étranglés ; mais, par une sorte de miracle, Radegonde, à peine âgée de dix ans, échappa à ce massacre et fut comprise dans le butin des vainqueurs. Échue en partage à Clotaire, (ou Chloter), celui-ci lui fit donner une éducation aussi soignée que le comportaient le temps et les circonstances; les rois chevelus, avec leur rude nature et leurs instincts de férocité, professaient cependant une sorte de culte pour la civilisation.

Radegonde fit de faciles et rapides progrès; elle parlait la langue latine avec correction, et s'adonna particulièrement à l'étude des livres saints. Elle grandissait, dit l'histoire, en science et en beauté, était charitable, aimant à s'entourer de petits enfants pauvres qu'elle soignait et vêtissait.

Chloter ne put voir réunies tant de qualités chez sa belle captive sans en devenir épris; cependant, il était déjà l'époux de deux sœurs, Ingonde et Aregonde, sans compter les concubines, ce qui était admis à la cour des rois Francs.

Cette passion, est-il nécessaire de le dire, n'était aucunement partagée par la jeune princesse, qui ne pouvait voir dans Chloter que l'auteur de ses maux et de la ruine de sa patrie.

Ingonde, la femme légitime de Chloter, étant venue à mourir en 538, on prépara tout à la cour de Soissons pour le mariage du roi avec sa belle captive.

Aussitôt que celle-ci eut connaissance des préparatifs, elle s'enfuit à peine suivie de quelques femmes; mais on ne tarda pas à l'atteindre, et on la conduisit à Soissons pour y être couronnée. Elle se résigna enfin, et monta sur le trône à l'âge de dix-huit ans.

Au faîte des grandeurs, Radegonde continua ses soins aux pauvres, et souvent elle s'échappait en secret de la cour pour se livrer à des pratiques religieuses.

Cependant Chloter ne voyait pas sans un secret dépit le dégoût qu'inspiraient à la reine les plaisirs grossiers et les désordres du palais; certains courtisans avaient cherché à faire des railleries sur les habitudes religieuses de Radegonde; « c'est une nonne, » disait Chloter. D'ailleurs, la stérilité de la princesse avait déjà attiédi son fervent amour pour elle.

Sur ces entrefaites, le jeune frère de Radegonde, qui avait été amené avec sa sœur comme captif à la cour de Soissons, fut l'objet de soupçons de la part du roi qui le fit bientôt massacrer.

Le coup fut terrible pour la jeune reine; elle pleura amèrement son frère; ce malheur non prévu par elle redoubla son horreur pour son époux, et elle s'en expliqua avec lui, lui faisant entendre « *qu'il n'y avait plus de place pour elle sur un trône souillé par le sang de son frère.* » Elle demanda en grâce à son époux de se retirer dans un monastère.

Soit que Chloter eût d'autres vues, (on sait

11.

que la constance n'était pas sa vertu domi-
nante), soit qu'il fût touché par la grâce,
comme le disent les manuscrits religieux de
cette époque, ce fut lui, en effet, qui adressa à
saint Médard de Noyon la jeune exilée, lui
faisant don en même temps de la terre de Saix
en Poitou.

Saint Médard, âgé alors de près de quatre-
vingt-dix ans, jouissait dans toutes les Gaules
d'une grande réputation de sainteté, et il était
regardé comme une des lumières de l'Église;
il refusa tout d'abord de déférer aux vœux de la
reine qui le sollicitait de lui donner le voile.
Les seigneurs de la cour, de leur côté, mena-
çaient le pontife, et lui faisaient craindre la
vengeance du monarque, dont il allait selon
eux enlever la légitime épouse.

Rien n'ébranla la ferveur de Radegonde, et
elle finit par supplier à genoux saint Médard
d'accéder à ses vœux.

A peine consacrée, la reine se défit de tous
ses bijoux et parures, qu'elle déposa sur l'autel
de l'église de Noyon. Puis elle se mit en route
pour le Poitou, où elle vécut en odeur de sainteté, et mourut, selon Grégoire de Tours, « *le
matin du mercredi treizième jour d'août* 587. »

Le culte de sainte Radegonde fut en honneur en France depuis 587 jusqu'en 1562; de
toutes parts on lui érigeait des chapelles et des

églises; celle de Fillancourt paraît dater du
VIIe siècle; on croit que d'abord consacrée par
saint Erambert à saint Saturnin, en 670, elle
fut relevée en 1180 par un évêque de Paris;
plus tard, abandonnée et tombant en ruines,
un abbé du monastère d'Abbecourt, seigneur
du Bouret et de Fillancourt ou Feuillancourt,
la fit rétablir et la bénit le 21 mars 1715.

A la Révolution de 1789, la chapelle de
sainte Radegonde disparut encore, et ce fut
Mme de Reizet, propriétaire de ce domaine, qui
la fit rebâtir dans ces derniers temps; maintenant elle appartient à M. Ch. Wallut, directeur du *Musée des familles*, qui l'entretient
avec un soin tout religieux.

Le roi saint Louis au château du Bouret
(Feuillancourt).

Blanche de Castille, mère du roi Louis IX, se
plaisait au Bouret presque autant qu'à Poissy;
Poissy était le palais, le Bouret était la maison
des champs; à Poissy, la reine dictait des lois,
châtiait les rebelles et sauvait la France; au
Bouret, elle oubliait les grandeurs, elle soignait
les pauvres, et, accompagnée de son fils, faisait
de fréquentes excursions à la léproserie de
Poissy (la maladrerie), où elle soignait elle-
même les malades. Souvent aussi elle accom-

plissait de fréquents pèlerinages aux vieux
chênes de la forêt de Laye, qui, grâce à ses
soins, portaient tous alors des images de la
Mère de Dieu.

Le culte de la Vierge, en effet, avait remplacé au pied des arbres séculaires de l'ancien
séjour des druides, la vieille religion gauloise,
avec ses dieux barbares, *Kird*, le vent du sud;
Tarann, l'esprit du tonnerre; *Bel*, le dieu du
soleil et bien d'autres encore, qui avaient vu
brûler au pied des vieux chênes de cette forêt
d'Yvelines tant de victimes humaines.

En cherchant à faire oublier le culte païen
des anciens arbres de la forêt, Blanche de Castille ne faisait que suivre les exemples qui lui
avaient été donnés par les prédécesseurs de
saint Louis, qui avaient fait briser sans
pitié toutes les pierres brutes des monuments
mégalithiques, *dolmens*, *menhirs*, *crom-
lecks*, etc., etc.; et, lorsqu'il était impossible
de les détruire, le clergé s'empressait d'y
adapter des croix en fer; le vieux pèlerinage
celtique devenait ainsi un pèlerinage chrétien.

Saint Louis, encore enfant, se levait aussitôt le jour venu; il s'habillait, dit l'histoire, et
se chaussait lui-même, puis après avoir entendu les matines, il faisait une longue promenade avec ses jeunes pages, auxquels au

lieu de chansons et de virelais, il apprenait les hymnes de l'office canonial.

On raconte qu'un jour, étant sorti seul de son château, ou plutôt de sa maison de campagne du *Bouret-Fillancourt,* il rencontra un pauvre vieillard malade, qui s'était étendu sur l'un des côtés de la route.

Le jeune prince, à peine âgé de quatorze ans, était d'une complexion fort délicate; il s'approcha néanmoins du vieillard, et chercha à le soulever; ne pouvant y parvenir, il s'adressa à deux paysans qui travaillaient aux environs.

L'un d'eux ne le reconnaissant pas refusa net de venir à son secours.

— Qu'il se relève lui-même s'il le veut, ou qu'il meure, répondit l'un des deux; il est trop vieux et n'est plus bon à rien [1].

Le jeune homme indigné allait courir sus au misérable, lorsque l'autre paysan, qui n'avait soufflé mot jusque-là, arrêtant le prince avec douceur :

— Ne vous démentez pas, morguenne, lui dit-il, clémence et charité sont cousines ger-

1. Nous avons entendu, de nos jours, tenir le même langage en Bretagne par certains paysans; quand un homme est trop vieux pour travailler : « *Il n'est plus bon à grand' chose et le bon Dieu devrait bien le rappeler à lui* », dit-on généralement.

maines ; pardonnons au frère s'il est coupable, et soulageons-le s'il est malheureux.

— Vous êtes un brave homme, vous, reprit le jeune homme attendri, vous parlez au moins comme un chrétien ; aidez-moi donc à porter ce vieillard chez moi.

— A moins, dit le paysan, que vous préfériez le porter dans ma chaumière qui est à deux pas ; mais je suppose, en voyant vos habits, qu'il sera mieux chez vous.

— C'est bien possible ; allons donc alors.

— Demeurez-vous loin d'ici ?

— Non, à quelques pas.

Et tous deux, enlevant le pauvre diable, traversent la vallée du Buzot et remontent la colline sous ce fardeau.

Le jeune prince essoufflé s'essuya le front en disant : C'est ici ! Le paysan effaré lève les yeux, et fixant *l'écusson fleurdelysé* qui surmontait la *porte charretière* de la demeure royale :

— Mais, morguenne, s'écrie-t-il, c'est ici le château du Bouret, appartenant à madame la reine.

— Eh bien ! tant mieux pour le malade ; la reine est si charitable.

— Mais vous êtes donc de sa maison ?

— Je crois que oui.

En même temps : le jeune homme, saisissant

un petit cor qu'il portait suspendu à sa ceinture en tira quelques sons.

Et voilà qu'à ce signal une foule de varlets, de pages et d'écuyers accourent la torche à la main.

La reine elle-même paraît et s'écrie : Mon fils ! Le paysan abasourdi reconnaît alors le roi.

— Tu vois bien que je suis de la maison, lui dit simplement le monarque.

— Ma fine, reprend le campagnard encouragé par tant de modestie, je vous croyais encore, sire, à la cathédrale de Reims.

Cette scène, dit l'historien auquel nous en empruntons le récit, avait lieu, en effet, peu de temps après le sacre de Louis IX, qui était venu se reposer avec sa mère au château du Bouret des fatigues pompeuses de cette cérémonie.

Le paysan allait se retirer, lorsque le roi le retenant d'un signe :

— Ah ça ! mais je ne te dis pas adieu... Va retrouver ta famille et reviens demain avec elle au château, car j'entends qu'à l'avenir vous soyez tous de la maison.

— Ça n'est pas de refus, sire, répliqua le bonhomme, qui s'en alla fort joyeux raconter son aventure à sa famille.

Le lendemain, au point du jour, le campa-

gnard, son père, sa mère, ses frères, ses sœurs
et ses enfants, en habits des dimanches, se présentaient au château du Bouret.

Introduits auprès du roi :

— Comment te nomme-t-on, dit Louis IX
au paysan ?

— Jehan, répondit-il.

— Eh bien, mon ami Jehan, toi et les tiens
vous allez demeurer chez nous.

— Mais, sire, et mon moulin à tan ?

— Comment, tu es donc tanneur ?

— Ma fine, je l'sommes, sire, sauf vot' respect, depuis cinquante ans de père en fils.

— Eh bien ! qu'à cela ne tienne, mon ami
Jehan ; tiens, voici une bourse pour faire construire une plus belle masure que la tienne auprès de la rivière (le rû du Buzot), et à partir
d'aujourd'hui c'est toi qui seras chargé de fournir tous les harnachements des seigneurs de la
cour ; ton établissement portera désormais le
titre de *Tannerie royale*.

On sait que la filature de MM. Poiret frères
a été établie dans les anciens bâtiments encore
appelés sous la Restauration : les *Tanneries
royales*, qui fournissaient alors exclusivement
les cuirs destinés à la chaussure des troupes.

FIN

TABLE DES MATIÈRES

TABLE 195

IMPRIMERIE D. BARDIN, A SAINT-GERMAIN EN LAYE.